TÓPICOS de
HISTÓRIA
ANTIGA
ORIENTAL

EDITORA intersaberes

Rua Clara Vendramin, 58 . Mossunguê
CEP 81200-170 . Curitiba . PR . Brasil
Tel.: (41) 2106-4170
www.intersaberes.com
editora@editoraintersaberes.com.br

Conselho editorial
Dr. Ivo José Both (presidente)
Drª. Elena Godoy
Dr. Nelson Luís Dias
Dr. Neri dos Santos
Dr. Ulf Gregor Baranow
Editora-chefe
Lindsay Azambuja
Supervisora editorial
Ariadne Nunes Wenger
Analista editorial
Ariel Martins

Análise de informação
Adriane Beirauti
Revisão de texto
Monique Gonçalves
Capa
Denis Kaio Tanaami
Projeto gráfico
Bruno de Oliveira
Iconografia
Jassany Gonçalves

Dados Internacionais de Catalogação na Publicação (CIP)
(Câmara Brasileira do Livro, SP, Brasil)

João, Maria Thereza David
 Tópicos de história antiga oriental/Maria Thereza David João. Curitiba: InterSaberes, 2013.

 Bibliografia.
 ISBN 978-85-8212-639-4

 1. Civilização antiga oriental 2. História antiga oriental I. Título.

 12-10126 CDD-939

Índices para catálogo sistemático:
1. História antiga: Oriental 939

1ª edição, 2013.

Foi feito o depósito legal.

Informamos que é de inteira responsabilidade da autora a emissão de conceitos.

Nenhuma parte desta publicação poderá ser reproduzida por qualquer meio ou forma sem a prévia autorização da Editora InterSaberes.

A violação dos direitos autorais é crime estabelecido na Lei nº 9.610/1998 e punido pelo art. 184 do Código Penal.

TÓPICOS de HISTÓRIA ANTIGA ORIENTAL
Maria Thereza David João

SUMÁRIO

Dedicatória - 9

Apresentação - 11

Introdução - 13

1 A política no Antigo Oriente Próximo - 15

    1.1 O conceito de burocracia nas sociedades antigas - 16

    1.2 A monarquia faraônica - 20

    1.3 A história política da Mesopotâmia - 32

2 A economia no Antigo Oriente Próximo - 45

    2.1 O estudo das economias antigas - 46

    2.2 A economia mesopotâmica - 55

    2.3 A economia no Egito Antigo - 62

3 A religião no Antigo Oriente Próximo - 75

    3.1 Sobre o conceito de religião - 76

    3.2 A religião egípcia - 80

    3.3 A religião mesopotâmica - 89

4   A história antiga e as suas fontes - 105
    4.1   A arqueologia e a cultura material - 107
    4.2   As fontes visuais - 112
    4.3   As fontes escritas - 116

Considerações finais - 125
Glossário - 127
Referências - 131
Bibliografia comentada - 135
Respostas - 137
Nota sobre a autora - 143

"O historiador não pode ser um sedentário, um burocrata da história, deve ser um andarilho fiel a seu dever de exploração e aventura" (Le Goff, 2002).

Dedico esta obra ao professor José Antônio Vasconcelos, que me convidou a escrever este livro e que, quando eu ainda estava nos bancos escolares, despertou em mim o gosto e o fascínio pelo estudo da história que carrego até os dias de hoje.

APRESENTAÇÃO

Este livro trata da história de duas grandes civilizações orientais da Antiguidade: a egípcia e a mesopotâmica. O legado dessas civilizações maravilhou os povos ocidentais desde cedo, a exemplo do grego Heródoto, que relatou em sua *História* grande admiração perante as obras egípcias.

Se a Grécia pode ser considerada o berço da civilização ocidental, a Mesopotâmia pode ser considerada o berço da civilização. É lá que se encontram, por exemplo, os registros da primeira malha urbana da história. Ao lado dos egípcios, os mesopotâmicos produziram conhecimentos excepcionais em uma série de áreas do saber. Os egípcios foram os responsáveis, por exemplo, pela divisão do ano em 365 dias; produziram, também, monumentos arquitetônicos sem precedentes – até hoje se discute como foram construídas as pirâmides; eram excelentes em medicina e astronomia e organizaram uma sociedade de estrutura altamente complexa. Igualmente complexas eram as sociedades que habitavam a antiga região da Mesopotâmia. Os mesopotâmios ficaram conhecidos, por exemplo, por serem excelentes matemáticos. Além disso, se tornaram mestres na arte da guerra, especialmente durante o domínio assírio na região.

O próprio mundo greco-romano reapropriou uma série de símbolos e utilizou inúmeros conhecimentos pertencentes ao mundo oriental, tornando-o, de certa forma, presente em todo o ocidente.

Apesar disso, há quem desconsidere a importância do estudo da Antiguidade (e mais ainda da Antiguidade Oriental), como se o "nosso hoje" houvesse surgido, de repente, por "geração espontânea". Não é necessário, é claro, explicitar o erro contido em tal afirmação, e de tantas outras destinadas a pregar que uma determinada etapa da história é mais ou menos importante que outra.

Para não incorrerem no mesmo equívoco, os leitores desta obra encontrarão orientações para o estudo e a compreensão da história do Egito Antigo e da Mesopotâmia, através da apresentação de alguns recortes temáticos, como política, economia e religião, a fim de propiciar, tanto quanto possível, uma visão global dessas sociedades.

É privilegiada, igualmente, a discussão de elementos conceituais relacionados a cada tema escolhido, para que os leitores possam ter conhecimento de pelo menos uma pequena parcela do trabalho historiográfico realizado nas pesquisas em história da Antiguidade Oriental e possam desenvolver uma leitura crítica desses mesmos aspectos, longe das análises meramente descritivas. Nesse mesmo sentido foi proposto um capítulo inteiramente destinado ao estudo de métodos de pesquisa em história antiga, apresentando suas fontes e formas de tratamento, as quais seguem, como qualquer pesquisa histórica, rigorosos critérios científicos.

INTRODUÇÃO

Edward Said, no prefácio da edição de 2003 de seu famoso livro *Orientalismo: o Oriente como invenção do Ocidente*, relata a sua revolta com as obras acerca do Oriente, as quais, em grande parte das vezes, apresentam representações e interpretações equivocadas a este respeito.

A história do Antigo Oriente Próximo, especialmente das civilizações egípcia e mesopotâmica, as quais serão aqui tratadas (localizadas respectivamente, no território dos atuais continentes africano e asiático) produz nas pessoas em geral os sentimentos mais diversos possíveis, que podem ir desde um ardor apaixonado a um completo desprezo por algo tão distante no tempo e no espaço. Ambos os sentimentos comprometem, muitas vezes, uma correta análise dessas sociedades, produto de relações de alteridade estabelecidas com um passado tão diferente do nosso Ocidente, que geram imagens distorcidas acerca da realidade das primeiras civilizações.

A visão eurocêntrica da história estabelecida especialmente no século XIX foi também extremamente nociva aos estudos da Antiguidade Oriental. Nesse período os europeus empenhavam-se no chamado *neocolonialismo* em regiões da África e da Ásia, e desenvolveu-se a noção de "raça" como forma de explicar a suposta superioridade da "raça" europeia perante as demais. Por isso, Martin Bernal (2003, p. 15) sinaliza que "o triunfo do racismo, logicamente, foi influenciado pela necessidade dos europeus setentrionais de denegrir as pessoas as quais eles estavam exterminando, escravizando e explorando em outros continentes".

Neste sentindo ganha importância a história da Grécia, que deixa de ser vista como mera transmissora de conhecimentos do Oriente (até então apreciado como portador de uma superioridade cultural) para o Ocidente. Os antigos gregos passam, agora, à categoria de criadores da civilização em detrimento das civilizações orientais, já que a Europa construía a sua imagem como algo superior e diverso da África e da Ásia (Bernal, 2003).

Nos séculos XX e XXI, a assiriologia e a egiptologia evoluíram muito e vêm nos legando importantes trabalhos que ajudam a desmistificar a história desses povos, baseados em pesquisas sérias que contam com o apoio da história, da arqueologia, da linguística, da antropologia e de mais uma série de outras disciplinas acadêmicas.

Foi procurando, portanto, destacar a importância das civilizações do antigo oriente próximo e visando a desconstruir **pré-**conceitos a elas relacionados que escrevi este livro. Meu intuito é fazer com que, através de discussões conceituais, historiográficas e de uma abordagem contextualizada de aspectos das sociedades do Egito e da Mesopotâmia, desperte-se um raciocínio crítico e analítico por parte dos leitores que irão se utilizar desta obra. Espero que, após este estudo, além de conhecerem o maravilhoso e encantador mundo das civilizações do antigo oriente próximo, os estudantes possam tomar consciência de sua importância para o estudo da história e passá-la adiante, às gerações vindouras que um dia, como eu, irão formar.

Capítulo I
A POLÍTICA no ANTIGO
ORIENTE PRÓXIMO

A história política da sociedade egípcia frequentemente é vista como algo imutável em seus mais de três mil anos sem variações ao longo do tempo e do espaço. Já a história política mesopotâmica é muitas vezes incompreensível àqueles que se aventuram a estudá-la, em virtude do grande número de povos que habitou aquela região no passado e que se sucedeu no domínio do território ao longo da Antiguidade.

Este capítulo tem por objetivo tentar clarear aspectos relativos à história política das sociedades próximo-orientais⌑*, para desfazer possíveis enganos e sistematizar da melhor forma possível a sucessão de suas fases, o que é importante para que compreendamos de forma mais adequada o funcionamento da história desses povos.

Com a ajuda de exemplos, documentos históricos e de pesquisas realizadas por importantes estudiosos não iremos somente acompanhar a sucessão de reis, rainhas, e conquistadores no território do Egito e da Mesopotâmia, mas também pensaremos o funcionamento político dessas sociedades de forma a compreender que a sua história é mais do que um amontoado de governantes que se sucederam ao longo do tempo e que as circunstâncias histórico-sociais de cada fase política interferiram ativamente em sua definição.

(1.1)
O CONCEITO DE BUROCRACIA
NAS SOCIEDADES ANTIGAS

Uma importante discussão envolvendo o caráter da política na Antiguidade é se podemos ou não falar da existência, nelas, de uma **burocracia**. Podemos definir, de maneira sintética, o conceito de

---

* *A presença do ícone* ⌑ *indica a inclusão do termo em questão no glossário ao final desta obra.*

burocracia como a existência de um quadro de funcionários hierarquicamente organizados que estão a serviço da administração do Estado. Essa definição segue as características dos Estados modernos e contemporâneos, e devemos ter cuidado no momento de analisar sociedades do passado para não lhes atribuir conceitos, formas e modelos atuais antes de observarmos as suas especificidades. Diante disso, será que podemos, então, atribuir esse mesmo significado de burocracia às sociedades próximo-orientais?

Ao estudar a sociedade romana, o historiador Fábio Faversani (2004) faz algumas generalizações sobre as sociedades antigas e afirma que, no lugar da regulação racional e pública, própria dos Estados modernos, eram as relações de patronato [m] que prevaleciam no passado. Em outras palavras, significa dizer que, em sociedades como a romana, não havia burocracia já que, naquela época, o Estado era regulado por relações pessoais, baseadas na obediência a um senhor, e não na impessoalidade, como ocorre atualmente. Mas será que isso pode ser afirmado categoricamente? O melhor a se fazer, nesse caso, não é rejeitar o uso do termo *burocracia* para as sociedades antigas, mas entender como se dava o funcionamento dos Estados do passado e verificar até que ponto se assemelhava e se diferencia dos atuais.

Com a intenção de desvendar as características do fenômeno burocrático nas sociedades antigas, o sociólogo alemão Max Weber formulou o conceito de **burocracia patrimonial** que, embora esteja hoje quase em desuso, pode nos ajudar a entender um pouco sobre as diferenças entre o Estado moderno e o antigo.

Segundo Weber (2004a), o tipo de dominação mais puro dentro do quadro administrativo é o "funcionalismo", ou seja, a "burocracia". A burocracia moderna, para o autor, age segundo princípios de **racionalidade** plena. Essa racionalidade administrativa a que se reporta Weber pode ser entendida, em linhas gerais, como o exercício de tarefas objetivas pelo funcionário, cuja extensão e conteúdo estão delimitadas por regras preestabelecidas, de conteúdo abstrato, passíveis de serem apreendidas racionalmente. A isso se opõe uma administração pautada na obediência à pessoa do senhor, marcada pelo seu livre-arbítrio, comum em sociedades como a egípcia antiga. A diferença, portanto, é que, enquanto em uma o funcionamento da administração se dá de acordo com regras gerais, juridicamente instituidas, na outra mandava a tradição, e não regras juridicamente instituídas.

Para Weber, as burocracias antigas diferem das modernas por se definirem através de um caráter tipicamente patrimonial. Por **patrimonial** entendemos "toda a dominação que, originariamente orientada pela tradição, se exerce em virtude de pleno direito pessoal" (Weber, 2004a, p. 152).

O patrimonialismo é a forma mais corrente de domínio tradicional, segundo a classificação weberiana dos tipos de dominação e aproxima-se da burocracia

> pelo fato de recusar também o excepcional e de ser uma instituição durável e contínua, embora a norma preexistente à qual ela se refere não tenha nada de racional nem de técnico, mas possua um conteúdo concreto, a saber, a validade do costume considerado como inviolável, em razão da santidade do que sempre foi.(Freund, 2000, p. 174)

Uma diferença crucial, segundo Weber (2004b), entre a burocracia moderna e a patrimonial é a ausência nesta de **competência**.

As titulaturas que acompanham o nome de funcionários, comuns, por exemplo, no Egito Antigo, são indicativos dessa característica, pois apresentam uma mesma pessoa exercendo uma série de cargos diversos uns dos outros, sem que haja, propriamente, uma especialização em determinada função. A escolha dos funcionários hoje é feita através do critério de capacidade administrativa (sendo necessária a realização de um concurso público para preencher os cargos da administração pública); no modelo de burocracia patrimonial, ela era prerrogativa da autoridade máxima.

O sociólogo diz, ainda, que a diferença em relação à burocracia moderna – embora os dois tipos, moderno e antigo, possam ser análogos em alguns aspectos – é a inexistência, na antiguidade, de separação entre interesse pessoal do administrador (que exerce seu cargo em nome, no caso, do rei) e interesses públicos próprios de seu cargo – o que define a característica da impessoalidade.

J. David Schloen (2001), inspirado em Weber, atribui o funcionamento das sociedades do Antigo Oriente Próximo ao *patrimonial household model* (PHM). Segundo esse modelo, "toda a ordem social é vista como uma extensão da unidade doméstica do governante – e, em última instância, da unidade doméstica do deus"(Schloen, 2001) cuja administração segue o padrão da relação pessoal. Esse autor diz que a burocracia do Antigo Oriente Próximo não é racionalizada. O que valia nessas sociedades eram os laços pessoais de patronato e a sua dependência deles, e não da existência de uma burocracia dita impessoal. É preciso ponderar essa afirmação, pois, se as sociedades próximo-orientais eram realmente dependentes de relações como a do patronato, isso não exclui a existência de uma burocracia organizada nessa sociedade.

(I.2)
A MONARQUIA FARAÔNICA

Quando ouvimos falar sobre a política no Egito Antigo, aprendemos que a sua estrutura é a de uma teocracia – ou seja – existia um governante divinizado, o faraó, que centralizava todo o poder em suas mãos. O termo *teocracia*, atualmente, foi deixado de lado como forma de caracterizar a política egípcia, todavia, continuamos a afirmar que a sua estrutura dependia da presença de um soberano divino, o qual era detentor do poder máximo. O faraó era, ao mesmo tempo, chefe do exército, chefe do executivo e sumo sacerdote de todos os deuses.

A legitimidade da monarquia faraônica repousava em um princípio importantíssimo que regia todo o mundo egípcio: a *maat*. Esse é um termo que, genericamente, pode ser traduzido por "verdade", "justiça" e "ordem", mas que, na realidade, comporta uma série de princípios éticos, religiosos, filosóficos e de diversas outras ordens que o tornam algo extremamente complexo e sem paralelos no mundo contemporâneo. Isso impossibilita que tracemos definições mais precisas com o intuito de desvendar seu significado. À *maat*, a ordem, era oposto o caos, chamado pelos egípcios de *isfet*, e era através dessa dualidade que os egípcios entendiam as coisas do mundo. *Maat* era uma espécie de rede de forças que regia o mundo, mas que era muito frágil e precisava ser constantemente assegurada. Caso isso não acontecesse, as forças do caos dominariam o mundo e o sol poderia, literalmente, cair sobre as suas cabeças ou não nascer no dia seguinte.

Os deuses, o faraó e a humanidade como um todo eram responsáveis pela continuidade de *maat* – que representaria, por sua

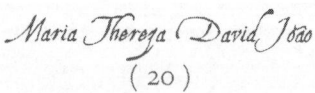

vez, a continuidade ordenada do mundo, a qual deveria ser conseguida diariamente. Pela continuidade ordenada do mundo entendemos a manutenção dos ciclos diários da natureza, a exemplo dos movimentos sazonais. Segundo a mitologia egípcia, o faraó era o representante dos deuses na terra e o encarregado de manter a *maat* no mundo visível. Para garantir a ordem, o monarca egípcio – que era o único intermediário entre deuses e homens – oferecia, diariamente, oferendas às divindades nos templos[III] para que, em troca, elas pudessem beneficiar o povo egípcio com a sua complacência e permitir a continuidade do *status quo*. Esse princípio possibilitava a coesão social sob o cajado do faraó, legitimando, dessa forma a sua autoridade sobre os súditos.

O faraó, no Egito Antigo, não era apenas um representante humano dos deuses, ele era também considerado uma divindade encarnada, o que corroborava ainda mais a obediência à sua pessoa. Muitos faraós, como Amenhotep I, foram deificados e cultuados como deuses ainda em vida. Mas será que os egípcios não se davam conta da natureza humana do seu governante? Afinal, o faraó era, antes de tudo, um homem, sujeito às necessidades de qualquer ser humano e às fraquezas, falível e, ele mesmo, um mortal, diferentemente dos deuses, que viviam eternamente.

Por muito tempo, nem mesmo a egiptologia procurou questionar esse aspecto da natureza da monarquia faraônica, focando especialmente na divindade do soberano, como se ela fosse plenamente aceita, e na obediência que, cegamente, seria devotada a ele. Essa tradição, pautada, sobretudo, nas interpretações históricas que privilegiavam os grandes fatos e os grandes homens, em detrimento da "história vista de baixo", relegavam um papel passivo à população egípcia. Ao trabalharem pelo viés da documentação oficial, produzida pela elite, os egiptólogos acabavam sendo envolvidos pela mensagem que ela passava, a qual pretendia o engrandecimento da instituição monárquica e a legitimação das hierarquias existentes. Seguindo esse raciocínio, afirmava-se, portanto, que a população egípcia era incapaz de questionar os modelos a ela impostos e, do mesmo modo, de perceber as contradições existentes na humanidade de um representante divino.

Georges Posener foi o primeiro egiptólogo a centrar-se nos estudos a respeito da natureza humana da monarquia faraônica. Podemos, nesse sentido, dizer que a monarquia egípcia tinha um aspecto dual: humano e divino. David O´Connor e David Silvermann, dois egiptólogos ingleses, resumem de forma bem interessante e didática a existência dessa dualidade. Eles dizem que

> *a monarquia é uma instituição divina, de certo modo, ela mesma um deus, ou pelo menos a imagem do divino é capaz de se transformar em sua manifestação: cada incumbido, cada faraó é fundamentalmente um ser humano, sujeito às limitações humanas. Quando o rei tomava parte dos papéis de seu ofício, especialmente em rituais e cerimônias, o seu ser enchia-se da mesma divindade manifesta em seu ofício e nos próprios deuses.* (O´Connor; Silvermann, 1995, p. XXV)

Como o faraó não poderia estar presente fisicamente em todos os lugares do Egito, para exercer a administração do território, contava com o auxílio de funcionários que compunham a burocracia estatal. O principal deles era o *tjati*, ou vizir, que era uma espécie de "primeiro-ministro" egípcio. A administração era toda centrada no palácio, e eram os escribas os principais encarregados de lidar com os negócios burocráticos. A função de escriba era tão importante que há um texto egípcio, conhecido como *A sátira das profissões*, que faz uma descrição de uma série de atividades exercidas no Egito Antigo, depreciando-as para, por fim, exaltar a profissão de escriba em relação às demais.

Existem algumas teorias que se dedicam a explicar o funcionamento administrativo no Egito Antigo. O egiptólogo Jan Assmann (2003), por exemplo, afirma que a administração egípcia era polarizada em duas esferas, e não considera a existência de entidades intermediárias de poder: de um lado estava o faraó, que mandava, e de outro lado os súditos, que obedeciam. Outra interpretação é de Christopher Eyre (2000), o qual postula a existência de esferas intermediárias do poder, e não uma centralização absoluta por parte do Estado faraônico. Haveria, assim, concomitante à lógica do palácio, outra lógica local, pertencente às comunidades aldeãs que, por mais que exercessem obediência ao faraó, a exemplo do pagamento de tributos, tinham uma lógica de organização interna própria. Esses são apenas exemplos de teorias atuais em voga nos estudos egiptológicos e que não são, nem de longe, as únicas.

A história política do Egito faraônico pode ser dividida em pelo menos três importantes períodos: o Reino Antigo, o Reino Médio e o Reino Novo. Entre eles estão o que se convencionou chamar de *períodos intermediários* (ao todo são três), marcados por crises e pela descentralização do poder, opostos à unidade política existente nos períodos denominados *reinos*. Com o fim do Reino Novo, houve o declínio do período faraônico e, a partir daí, o Egito cai sob sucessivas dominações estrangeiras, como a persa, a grega e a romana.

O Reino Antigo (2686-2160 a.C.), que teve capital na cidade de Mênfis, compreende as dinastias III a VIII e nele observamos o ápice da ideologia faraônica. Esse é o período da história egípcia em que o poder encontrava-se mais centralizado e no qual a crença em um soberano divinizado atingiu maior expressão. Os faraós construtores das grandes pirâmides, Quéops, Quéfren e Miquerinos, todos da quarta dinastia, reinaram durante esse período. Nessa época, o culto ao deus sol, Rá, atingiu grande importância, e todo faraó passou a carregar, com o seu nome, o aposto de "filho de Rá". O monarca era também identificado a outra divindade, o deus Hórus, do qual seria, quando vivo, a encarnação. Depois de morto, o faraó se tornaria Osíris, regente do mundo dos mortos.

A partir da VII dinastia, a estrutura do Reino Antigo entrou em declínio. Nesse momento, entraram em cena outros atores políticos, os nomarcas[m], que eram responsáveis pela administração das províncias. Até a VII dinastia, havia no Egito o que Eyre (2000) chamou de *governo expedicionário*, isto é, o controle das províncias era realizado, pelo Estado, por meio de representantes (os nomarcas), que de tempos em tempos viajavam pelo território egípcio para exercer funções em nome do rei. Com o tempo, esses representantes ganharam maior autonomia, a exemplo da hereditariedade de suas funções, e passaram a agir como pequenos reis nos territórios que governavam. Através de alianças e guerras de pequeno porte, formaram espécies de pequenos estados dentro do próprio Estado egípcio e passaram a agir com maior independência diante do poder central. Isso levou a uma "ruralização" do poder, contribuindo, desta forma, para o declínio do Reino Antigo.

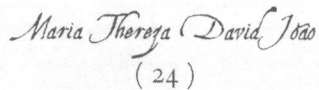

Com o fim do Reino Antigo, o Egito passou por um período turbulento conhecido como *Primeiro Período Intermediário*. As causas que levaram à decadência do Reino Antigo são muitas, e podemos citar como exemplo o enfraquecimento do patrimônio estatal gerado por isenções e doações a sacerdotes, a ocorrência de invasões estrangeiras, o aumento do poder dos nomarcas e também a fraqueza pessoal dos próprios reis, especialmente após o fim da sexta dinastia. Um documento egípcio chamado de *Admoestações de Ipu-Ur*, datado do Primeiro Período Intermediário, ajuda a entendermos de forma mais clara o que se passava durante esse momento:

> *Em verdade foi-se a alegria, ela não mais aparece,*
> *Os gemidos espalham-se pelo país, misturados aos lamentos.*
> *Em verdade cada pobre é hoje o que já teve recursos,*
> *Os que eram egípcios agora são forasteiros repelidos.*
> *Em verdade o cabelo de todos está descuidado,*
> *Não mais se distingue o filho do homem de categoria do daquele que não é ninguém.*
> *Em verdade fica-se insensível por causa do tumulto,*
> *Nenhuma voz é justa em tempo de tumulto,*
> *Um tumulto sem fim.*
> *Em verdade os poderosos e humildes dizem: "Pudera estar morto!",*
> *E até as criancinhas exclamam: "Que eu nunca tivesse nascido!"*
> *Em verdade os filhos dos grandes são atirados contra as paredes,*
> *As criancinhas são abandonadas na terra alta do deserto,*
> *Os segredos dos embalsamadores são jogados fora.*
> *Em verdade desapareceu o que outrora se via,*
> *O país abandona-se à fragilidade como um trapo de linho.* (Araújo, 2000, p. 180)

Esse texto faz parte do gênero literário conhecido como *literatura pessimista*, típico do Primeiro Período Intermediário. Nele, é possível encontrar queixas em relação à situação pela qual passava o Egito, a exemplo da inversão de valores na escala social, da invasão estrangeira, pilhagens e até mesmo de crises econômicas. Em outro trecho, Ipu-Ur, o autor, menciona a falta de grãos, carvão, madeira, ouro e de diversas outras matérias-primas e culpa expressamente o faraó, provavelmente Pepi II, pela calamidade.

A situação só foi revertida após inúmeras disputas entre governantes provenientes das cidades de Tebas e Heracleópolis pelo poder. O tebano Mentuhotep II, ao vencer os rivais heracleopolitanos, retomou o poder centralizado e reunificou o território egípcio que, da mesma maneira que na época na unificação, encontrava-se politicamente dividido em Sul e Norte. Iniciou-se, assim, o período do Reino Médio (2260-2061 a.C.).

A administração no Reino Médio foi, em grande parte, baseada na estrutura do Reino Antigo. Realizou-se, nessa época, um esforço sistemático de recuperação do controle centralizado e da credibilidade na figura do soberano. Uma das vias de retomada de controle ideológico ocorreu pela literatura – que se desenvolveu consideravelmente no Reino Médio – como podemos observar através do gênero literário conhecido como *literatura propagandística*. Por meio desses textos, os faraós visavam legitimar a importância da monarquia como essencial ao bem-estar do povo egípcio. A maioria desses ensinamentos propunha opor um passado tumultuado aos feitos de um soberano forte, o qual se tornaria uma espécie de "salvador" do seu povo.

Os nomarcas, como já dissemos, passaram a gozar de grande independência frente ao poder central. Por isso mesmo, no Reino

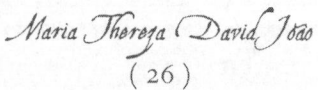

Médio, os faraós tomaram medidas com o intuito de controlar melhor as províncias. Mentuhotep II, por exemplo, manteve os cargos somente dos nomarcas que, de alguma forma, interessavam ao seu governo, os demais perderam o posto.

No Reino Médio, havia um modelo de Estado que alguns egiptólogos, como Barry Kemp, chamam de *prescritivo*. O Estado prescritivo, que visava assegurar a centralização e reestruturar administrativamente o território egípcio, foi marcado por um caráter altamente burocrático e por um maior controle sobre os indivíduos, características que o tornam distinto do Reino Antigo. A burocratização do Estado egípcio ocorrida nessa época pode ser observada no aumento das funções estatais existentes no período, que podem ser inferidas através de uma maior profusão de títulos relacionados a cargos administrativos. Essa burocracia, assim como a Coroa, era sustentada pelos impostos cobrados da população sob a forma de corveia, a qual era um tipo de trabalho compulsório, e que estudaremos mais adiante.

Durante o governo de Amenenhat I, faraó que completou a unificação iniciada por Mentuhotep II, a cidade era o foco da administração. Cada cidade possuía um prefeito que, dependendo da importância da região que governava, recebia também o título de nomarca. Isso não implicava, contudo, que essas pessoas esquecessem os laços que as ligavam à capital e, sobretudo, ao faraó. Em troca dos favores régios, deveriam ser prestados serviços como a proteção de fronteiras e a realização de expedições para o faraó.

A burocratização do Estado egípcio parece mesmo ter sido a principal característica da administração do Reino Médio. Além dos exemplos já mencionados, podemos citar a inauguração, pelo faraó Senusret III, de dois escritórios, no sul e no norte, operados por uma hierarquia de funcionários, que visavam, justamente, um controle mais estrito dos governadores provinciais.

Ao fim do Reino Médio sucedeu-se o chamado *Segundo Período Intermediário*, que é caracterizado pela invasão hicsa no Egito. Novamente o país passou por uma fase turbulenta, que só terminou com a expulsão dos hicsos^m pelo faraó Ahmose. Iniciou-se, assim, o Reino Novo (2061-1784 a.C.).

O Reino Novo é considerado o período áureo da história egípcia. É, de longe, o período mais bem documentado e no qual aconteceu o ápice do desenvolvimento cultural dessa sociedade. Importantes faraós, conhecidos até os dias de hoje, reinaram nesse período, a exemplo de Akhenaton, Hatshepsut e Ramsés II.

A organização administrativa do Reino Novo, especialmente durante a XVIII dinastia, era centrada em famílias importantes e em suas relações colaterais. A família real era do tipo nuclear – ou seja, pai, mãe e filhos, oposta ao tipo de família extensa – diferentemente do habitual na historia egípcia. Dessa forma, acreditava-se que se pudesse evitar clamores políticos e econômicos pelo trono, já que a sucessão ficaria mais restrita.

Hatshepsut, que governou durante a XVIII dinastia, foi a primeira mulher a assumir o trono egípcio. Após a morte de seu marido, Tutmés II, Hatshepsut proclamou-se **rei**, e não **rainha**, e passou a ser representada portando todas as insígnias régias, mesmo as mais masculinizadas, como a barba falsa, um símbolo distintivo do faraó. O reinado da faraó foi marcado por uma série de expedições realizadas à região de Punt, rica em matérias-primas, e por uma intensa atividade arquitetônica. Com a sua morte, subiu ao trono Tutmés III, que conduziu esforços no sentido de apagar

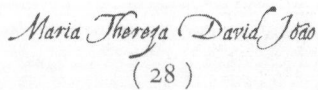

a memória de Hatshepsut do Egito. Suas estátuas foram destruídas e seu nome apagado das inscrições, sobrepondo-se a ele os nomes de Tutmés I e de Tutmés II.

Durante o Reino Novo, o Egito atingiu a forma de um verdadeiro império, saindo do seu isolamento e empreendendo campanhas militares de conquista de territórios, que se expandiram consideravelmente. Especialmente na XVIII dinastia, o modelo de funcionário do Estado egípcio era o de um aventureiro militar, diferentemente do burocrata, que marcou o Reino Médio.

Um caso singular em toda a história egípcia aconteceu no reinado de Amenhotep IV, também da XVIII dinastia. Esse faraó provocou uma revolução religiosa no Egito Antigo, banindo todos os deuses do panteão, à exceção de Aton, uma divindade solar. Seu nome, Amenhotep, que significava "Amon está satisfeito" foi mudado para Akhenaton, "a verdadeira imagem de Aton". Akhenaton mudou a capital da cidade de Tebas e construiu Akhetaton (hoje Tel-el-Amarna, por isso esse período ser conhecido também como *amarniano*) como a nova sede de governo. Há muitas controvérsias a respeito do reinado de Akhenaton e das motivações que o teriam feito agir dessa maneira. Muitos estudiosos acham que essa foi uma estratégia política utilizada pelo faraó para conter o avanço do poder dos sacerdotes de Amon, bastante influentes em Tebas. A questão, contudo, é que a revolução de Akhenaton não sobreviveu à sua morte. Para excluir qualquer vestígio de sua passagem pelo Egito, os faraós seguintes riscaram o nome de Akhenaton dos registros, e ele permaneceu desconhecido até que, já nos nossos dias, fossem encontradas as ruínas da cidade de Amarna.

A XIX dinastia é considerada uma das mais importantes dinastias egípcias. Nela se iniciou o que é conhecido por *período raméssida*, dado o grande número de faraós com o nome de Ramsés que governou o Egito durante essa época. Foi um período de grande florescimento cultural, de intensos empreendimentos arquitetônicos e de expansão do território egípcio. Durante o reinado de Ramsés II houve uma célebre batalha dos egípcios com um povo vindo da Anatólia, chamado de *hitita*[m]. A batalha de Kadesh, como foi conhecida, terminou com um acordo entre Ramsés II e o rei hitita Muwatalli, muito embora o faraó egípcio, em seus registros, tenha feito se representar vencendo sozinho os inimigos.

Os sacerdotes e os funcionários dos templos atingiram importância bastante destacada durante a XIX dinastia. Os tribunais, por exemplo, foram substituídos pelos oráculos como instâncias solucionadoras de querelas jurídicas.

O declínio do período faraônico veio após a XX dinastia. A partir daí, o Egito caiu sob sucessivas dominações estrangeiras, até que não sobrasse mais nada do esplendor faraônico de outrora. Como exemplo dos problemas enfrentados pelo Egito nesse período, podemos analisar o reinado de Ramsés III, marcado por uma violenta invasão líbia em território egípcio e por situações como uma greve dos construtores de tumbas, que pararam seus trabalhos e reclamavam do não pagamento das rações que deveriam ser recebidas diariamente e também por uma conspiração (a Conspiração do Harém) que visou assassinar o monarca.

No fim da XX dinastia, o faraó dividia o poder com o alto sacerdote de Amon e com o vice-rei da Núbia. Essa divisão provocou inúmeros atritos entre essas três pessoas, o que acabou ocasionando o surgimento de uma guerra civil e da divisão do Egito. Fragilizado, o país se tornou presa fácil para os povos estrangeiros que pretendiam invadir seu território.

Ao Reino Novo se seguiu o Terceiro Período Intermediário, no qual o Egito tornou-se um verdadeiro campo de batalhas entre assírios, líbios e sudaneses. Em 525 a.C., os persas dominaram a região, tornando o território egípcio uma *satrapia* (ou seja, uma província) e pondo fim ao período faraônico. Heródoto, em sua *História*, relata a invasão do persa Cambises no Egito:

> *No décimo dia após a captura de Mênfis, Cambises, para humilhar Psamético [faraó egípcio], que reinara durante seis meses apenas, mandou conduzi-lo, com outros egípcios, a um arrebalde e, para pôr à prova sua firmeza de ânimo, fez a filha do príncipe vestir-se de escrava, enviando-a, com uma bacia na mão, em busca de água. Acompanhavam-na várias outras jovens, escolhidas pelo conquistador, entre as de melhor categoria e igualmente vestidas de escravas, as quais, ao passarem perto de seus pais, caíram em pranto, pondo-se a gritar e a lamentar-se. Estes, vendo as filhas em tão humilhante situação, não puderam conter as lágrimas. Psamético, porém, limitou-se a baixar os olhos.* (Heródoto, 2001, p. 324)

Mais tarde, em 332 a.C., o grego Alexandre Magno conquistou o Egito, e o fim da história desse povo se deu após o período ptolomaico, quando Cleópatra VII, a última rainha nascida em território egípcio, morreu e teve início a conquista do Egito pelos romanos.

(I.3)
A HISTÓRIA POLÍTICA DA MESOPOTÂMIA

Diferentemente do Egito, que desde cedo se caracterizou pela existência de um reino unificado, na Mesopotâmia a história foi outra. Uma das principais características da política mesopotâmica é que nela se deu a formação de cidades-Estado independentes.

Devemos, contudo, perceber que o modelo de cidade-Estado existente na Mesopotâmia difere do modelo clássico existente na Grécia Antiga. Ao contrário da cidade-Estado clássica, nas cidades-Estado sumérias[m] permanecia a monarquia, e o sistema político não era baseado em magistraturas eletivas.

O primeiro período da história da Mesopotâmia é chamado de *Período Sumério Antigo* e compreende a primeira metade do primeiro milênio a.C. Os sumérios, povo que ocupou a parte sul da região (chamada também de *Baixa Mesopotâmia*), foram os responsáveis pela fundação de cidades-Estados independentes entre si, cujo centro era o templo (só muito posteriormente substituído pelo palácio). O templo compunha um dos dois níveis institucionais existentes na cidade-Estado – o outro era a comunidade, formada por alguns importantes cidadãos livres.

Cada cidade-Estado possuía três setores: a cidade propriamente dita, geralmente fortificada (a fortificação da primeira cidade, Uruk, é narrada na *Epopeia de Gilgamesh*); o subúrbio, composto pelas residências, por campos, estábulos etc.; e o porto. Havia um deus para cada cidade que, acreditava-se, ser o dono dela e possuidor de todas as suas terras. Como sumo sacerdote do deus local e governante da cidade estava o en^m (*ensi* ou *lugal*, em outras épocas), uma espécie de rei que agia nos limites de sua cidade. O *en* era a autoridade máxima, detentor do poder político, militar e religioso. Isso não quer dizer que ele agia sozinho – pelo contrário – cada cidade possuía um conselho de anciãos ao qual eram submetidas as decisões do rei.

Para os mesopotâmicos, a realeza era vista como uma forma natural de governo, e isso pode ser confirmado se pegarmos um documento conhecido como *Lista Real Suméria*, no qual se diz que "a realeza desceu do céu". É mais ou menos a partir da segunda metade do terceiro milênio a.C. que podemos verificar uma maior definição das funções do rei mesopotâmico, o qual passou a ser responsável, entre outras coisas, pela construção e pelo conserto de canais, diques e barreiras, pela abertura das rotas de comércio marítimo e pela disputa de territórios.

Para a fase da história da Mesopotâmia que corresponde ao terceiro milênio a.C., Ciro Flamarion Cardoso verifica duas tendências de evolução político-administrativa. São elas:

> 1) um aparente predomínio das instituições templárias e de órgãos colegiados que representavam os cidadãos livres que cede lugar a uma realeza cada vez mais laica e poderosa, com o surgimento do palácio como instituição independente que acabou por superar os templos no seu grau de controle sobre recursos e pessoas; 2) a alternância de fases de afirmação da independência política das cidades-Estados com outras em que se deram tentativas, cada vez mais consistentes, de formação de unidades políticas mais amplas. (Cardoso, 1994, p. 65)

Os acadianos, outro povo que habitava a Mesopotâmia, acabaram por dominar toda a parte sul, e o seu rei, Sargão I, foi o responsável pela formação do primeiro Estado centralizado nessa região. Sargão I, também conhecido como Sargão de Akkad, manteve as rotas comerciais e obteve vitórias no vale do Diyala e Elam. Durante o Período Acadiano (2340 a.C.), membros da própria família real e outros acádios tornaram-se governadores de cidades e províncias. Em 2154 a.c. teve fim o Período Acadiano, com a invasão dos gútios[n], que mais tarde foram expulsos pelo *ensi* da cidade de Uruk.

Com a expulsão dos gútios, iniciou-se o Período Neo-Sumério (2120 a.C.), do qual faz parte a chamada *Terceira Dinastia de Ur*. O governador de Ur, aproveitando-se do feito do *ensi* de Uruk, dominou-a e passou a ser o rei de Ur, Sumer e Akkad. Foi nesse período que se deu a fusão definitiva entre sumérios e acadianos e o sistema administrativo se separou em civil e militar. Uma das causas de sua decadência pode ser encontrada nas sucessivas guerras realizadas contra os elamitas[n] e o rei de Mari, o que levou novamente ao fracionamento da região em cidades-Estado.

Ao mesmo tempo, a região da Assíria passou a conquistar grande importância em virtude do seu potencial militar. Os assírios logo fundaram na Mesopotâmia a cidade de Assur, também nome do seu deus principal, mas seu domínio foi interrompido pela invasão dos hititas.

O período posterior, o Paleobabilônico (1900 a.C.) iniciou-se após uma disputa entre os reis de Larsa, Mari e Babilônia, de um lado, e os de Eschunna, Elam, tribos montanhesas e Assur, de outro, culminando com a vitória dos primeiros. Contudo, Hamurábi, rei da Babilônia, não demorou a subjugar seus aliados, Rimsin de Larsa e Zimrilin de Mari, dando início à primeira dominação babilônica na região. Sob Hamurabi, deu-se a conquista da Baixa Mesopotâmia e do Vale do Diyala e foi criado o primeiro código de leis de que se tem notícia, o Código de Hamurabi, baseado na lei de talião ("olho por olho, dente por dente"). Durante o Império Babilônico a estrutura estatal se tornou mais complexa, e encontramos nela, por exemplo, o *puŗhum* (assembleia de homens livres), o *shibutum* (conselho de anciãos), o *shakanakum* (representante do rei) e o *makisu* (coletor de impostos).

Em cerca de 1570 a.C. os cassitas[m] dominaram a região, ajudando a compor o caldeirão cultural que foi a região da Mesopotâmia durante a Antiguidade. Aos cassitas, que instauraram um regime administrativo tribal, na forma de "casas", seguiram-se os elamitas e, posteriormente, os assírios novamente conquistaram o território mesopotâmico.

O Período Neo-Assírio, como é chamado, foi marcado por uma onda de conquistas na região do Levante, especialmente sob Assurnazirpal II e Shalmaneser II. Nessa época, a cidade da Babilônia foi conquistada, e Nínive se tornou a nova capital, na qual se construiu uma famosa biblioteca no reinado de Assurbanipal.

Após a destruição de Nínive, iniciou-se o último período de dominação genuinamente mesopotâmica na região, o Período Neo-Babilônico. Um dos seus principais reis foi Nabucodonosor, responsável pela expansão do império e pela construção de obras monumentais, a exemplo dos Jardins Suspensos, uma das sete maravilhas do mundo antigo.

A história da Mesopotâmia Antiga terminou com as invasões de Ciro, o Grande, da Pérsia, em 539 a.C. e, por fim, de Alexandre Magno, em 331 a.C.

Figura 1 – Localização dos povos que habitavam a região da Antiga Mesopotâmia

Síntese

As sociedades do Antigo Oriente Próximo possuíam um modelo político e administrativo bastante diferente dos atuais. Partilhando de elementos comuns no tempo e no espaço, dois modelos políticos diferentes se desenvolveram no Egito e na Mesopotâmia, respectivamente, um reino unificado e cidades-Estados independentes.

Elementos comuns a essas duas sociedades eram a existência de um soberano divinizado e a crença na monarquia como um modo de governo natural, que teria "descido dos deuses".

A história política mesopotâmica é bastante complexa e fragmentada, em virtude da grande quantidade de povos que habitaram este território e que foram, cada qual, alternando-se na hegemonia da região.

Maria Thereza David João

A história egípcia foi mais constante ao longo do tempo, o que não implica, contudo, que não percebamos a existência de variações no sistema político dessa sociedade. Um exemplo são os períodos intermediários, marcados pelo enfraquecimento da monarquia e pela fragmentação do poder.

Indicações culturais

DIGITAL EGYPT FOR UNIVERSITIES. Disponível em: <http://www.digitalegypt.ucl.ac.uk/Welcome.html>. Acesso em: 05 out. 2009.

Site *em inglês, mantido por especialistas da área do Egito, com informações a respeito de diversos aspectos da sociedade egípcia, com fotos.*

THEBAN MAPPING PROJECT. Disponível em: <http://www.thetebanmappingproject.com>. Acesso em: 05 out. 2009.

Site *em inglês, com informações a respeito de escavações na região do Vale dos Reis, no qual eram enterrados os faraós do Reino Novo.*

Atividades de autoavaliação

1) Leia as alternativas a seguir e marque (F), se falsas, e (V), se verdadeiras:

   ( ) Burocracia é um conceito exclusivo das sociedades modernas e contemporâneas, que não pode ser aplicado às sociedades antigas sob pena de ser anacrônico.

   ( ) O conceito de burocracia patrimonial, de Max Weber, implica a existência de princípios de racionalidade plena e de regras juridicamente instituídas, inexistindo a importância do elemento tradição.

( ) De acordo com os princípios que regem o chamado *patrimonial household model*, podemos afirmar que as sociedade orientais estavam organizadas como se fossem uma espécie de extensão gigantesca da família do governante.

( ) Não é possível falarmos em burocracia nas sociedades antigas, pois nelas inexistia a instituição estatal, já que os governantes não se preocupavam com a gestão da coisa pública mas, sim, com seus interesses pessoais.

2) Leia o texto a seguir, inscrito em um obelisco pertencente à rainha Hatshepsut e responda às questões, marcando (F) para as falsas e (V) para as verdadeiras:

> *Amon, Senhor do Trono-das-Duas-Terras; ele me fez governar a Terra Negra e a Terra Vermelha como recompensa, ninguém se rebela contra mim em todas as terras. Todos os estrangeiros são meus súditos, ele colocou a minha fronteira nos limites do céu, o que Aton circunda trabalha para mim. Ele deu isto a quem saiu dele, sabendo que eu ia governar para ele. Eu sou a sua filha, com toda a verdade, que o serve, que sabe o que ele ordena. A recompensa vinda de meu pai é vida-estabilidade-governança no trono de Hórus de todos os vivos, eternamente como Rá.*

FONTE: TRADUÇÃO LIVRE DA AUTORA DE LICHTHEIM, 1976.

( ) O texto expressa um modelo da relação entre os deuses egípcios, já que Hatshepsut bem governa em nome de seu pai, o deus Amon, e em troca recebe benesses.

( ) Hatshepsut, faraó da XVIII dinastia, é célebre pela intensificação de atividades comerciais e arquitetônicas.

( ) A XVIII dinastia é marcada por uma expansão do Estado egípcio através de guerras imperialistas, na qual muitos povos estrangeiros foram submetidos à autoridade do faraó.

( ) A população egípcia devotava grande subserviência ao faraó, em razão do seu caráter divino, inexistindo manifestações contrárias aos seus mandos.

3) Leia as alternativas a seguir e assinale a correta:

   I. A cidade-Estado mesopotâmica não se difere do modelo clássico de cidade-Estado, possuindo exatamente a mesma estrutura de uma *polis* grega.

   II. O território da Mesopotâmia foi um verdadeiro caldeirão cultural, sendo dominado ao longo de sua história por povos advindos de diversas regiões.

   III. É em razão da geografia do território egípcio e do território mesopotâmico, bastante diferentes entre si, que podemos explicar o surgimento, em uma, de cidades-Estados independentes e, em outra, de um reino unificado.

   a) Somente a alternativa I está correta.
   b) Somente a alternativa II está correta.
   c) Somente a alternativa III está correta.
   d) Nenhuma das alternativas está correta.

4) Leia as alternativas e o texto a seguir – parte dos anais inscritos no templo de Ninurta, residência real construída por Assurnasípal II – e assinale a resposta correta:

> *Naquele tempo eu conquistei toda a extensão da montanha do Líbano e cheguei ao grande mar do país de Amurru. Eu limpei minhas armas na profundeza do mar e fiz oferendas de carneiros para todos os deuses. O tributo da costa marítima – habitantes de Tiro, Sídon, Biblos, Mahallata, Maiza, Kaiza, Amurru e de Arvad. Que é uma ilha do mar, consistindo de: ouro, prata, estanho, cobre, recipientes de cobre, roupas de linho com enfeites multicolores, grandes e pequenos macacos, ébano, madeira de buxo, marfim de presas de morsas – assim o marfim, um produto do mar – isto, seu tributo, eu recebi e eles abraçaram meus pés.*

FONTE: PINSKY, 2003, P. 23.

I. As conquistas empreendidas pelos reis mesopotâmicos permitiam o florescimento econômico e cultural da região, exemplificado no texto pela aquisição, sob a forma de tributos, de bens advindos de outras regiões.

II. Os assírios, povo que habitava a região da Mesopotâmia, tinham como uma de suas principais características o forte poderio bélico.

III. Foi a incursão assíria na costa marítima que provocou a decadência do seu império, pois despertaram a ira dos chamados *povos do mar*, que invadiram a região e expulsaram os assírios.

a) Todas as alternativas são corretas.
b) Somente as alternativas I e II são corretas.
c) Somente as alternativas II e III são corretas.
d) Somente as alternativas I e III são corretas.

5) Leia o texto a seguir e marque a alternativa correta:

> Os deuses governam o mundo, concedem ou recusam seus favores aos monarcas humanos, e uma lei cósmica rege a regularidade cíclica do tempo. O nascimento e a queda de uma dinastia são reveladores de semelhanças dissimuladas e chamadas a se reproduzirem [...] é sempre permitido influenciar o julgamento divino adotando um comportamento apropriado.

Fonte: Glassner citado por Pozzer, 1998, p. 276.

a) O texto analisa as relações estabelecidas entre os deuses e os monarcas mesopotâmicos, mostrando como estes podem influenciar as decisões daqueles.

b) O texto demonstra a relação de subordinação total dos reis mesopotâmicos à vontade de seus deuses.

c) O texto comporta a ideia presente no pensamento mesopotâmico de que a monarquia teria "descido dos céus", como um presente dos deuses para a humanidade.

d) O texto debate a ideia de que os eventos mundanos exercem interferência decisiva no curso da história, desprezando a crença em uma ordem cósmica que moveria todas as coisas.

Atividades de Aprendizagem

Questões para reflexão

1) No relato a seguir temos a visão egípcia de como o faraó Ramsés II venceu a Batalha de Kadesh, contra os hititas.

> *Minha majestade fez com que as forças de inimigos de khatti caíssem por terra, um após o outro, como os crocodilos caem na água de orontes. Eu estava diante deles como um grifo; eu ataquei todos os países, eu sozinho. Minha infantaria e minha carroceria desertaram, nenhum deles parou para olhar para trás.*
>
> *[...]*
>
> *Nenhum oficial estava comigo, nenhum carroceiro,*
> *Nenhum soldado no exército, nenhum escudeiro;*
> *Minha infantaria, minha carroceria gritaram perante eles.*
> *Nenhum permaneceu firme para lutar contra eles.*
> *Sua Majestade falou: "O que foi, pai Amon?"*
> *É certo um pai ignorar seu filho?*
> *Minhas faltas são um problema para que você me ignore?*
> *Eu não caminho e permaneço em tuas palavras?*
> *Eu não rejeitei uma palavra que tu me ordenastes.*
> *[...]*
> *Embora eu tenha rezado em uma terra distante,*
> *Minha voz ressoou em Heliopolis.*
> *Eu encontrei Amon quando o chamei.*
> *Ele me deu sua mão e eu regozijei.*
> *Ele falou atrás de mim como se estivesse perto:*

> "*Avante, eu estou contigo,*
> *eu, seu pai, minha mão está contigo,*
> *eu prevaleço sobre mil homens,*
> *eu sou o senhor da vitória, amado do valor!*"
> *[...]*
> *Meu coração se alegrou, meu peito se alegrou,*
> *Tudo o que eu fiz foi com sucesso, eu era como Montu.*
> *Eu atirei com a mão direita, segurei com a mão esquerda,*
> *Eu estava perante eles como Seth no momento.*
> *[...]*
> *Nenhum deles encontrou sua mão para brigar,*
> *Seus corações falharam em seus corpos por temor a mim.*
> *[...]*

FONTE: TRADUÇÃO LIVRE DA AUTORA DE LICHTHEIM, 1976.

a) De que maneira o faraó Ramsés II ganhou a batalha contra os inimigos, mesmo após as suas tropas terem desertado?

b) Sabendo que a batalha de Kadesh terminou sem vencedores, com um acordo entre hititas e egípcios, como você explica o relato do faraó Ramsés?

2) Leia o trecho do historiador Ciro Flamarion Cardoso e produza um pequeno texto discorrendo sobre a diferença da formação política no Egito e na Mesopotâmia.

> A história antiga da Baixa Mesopotâmia apresenta certas peculiaridades em comparação com a egípcia. Na medida em que a cidade –Estado, e não o reino unificado, foi a unidade política básica durante longo tempo, mais que uma história temos, de fato, uma multiplicidade de histórias paralelas ou em eventual intersecção. Mesmo quando, a partir do III milênio a.C. começaram a formar-se Estados maiores e impérios em função de conquistas militares, os substratos das múltiplas cidades-estados rivais, com seus níveis de desenvolvimento econômico-social às vezes bastante heterogêneos, continuou existindo como força bem ativa.

FONTE: CARDOSO, 2003A, P. 36-37.

Atividade aplicada: prática

1) Faça uma pesquisa e selecione três documentos históricos egípcios – livros, artigos etc., virtuais ou não – que falem a respeito da monarquia, cada um pertencente a um período diferente da sua história. Esses documentos podem ser escritos ou iconográficos. Descreva qual a concepção de monarquia presente em cada um deles e, ao final, compare-os, traçando as diferenças e as semelhanças perceptíveis na construção do monarca entre os diversos períodos.

Capítulo 2

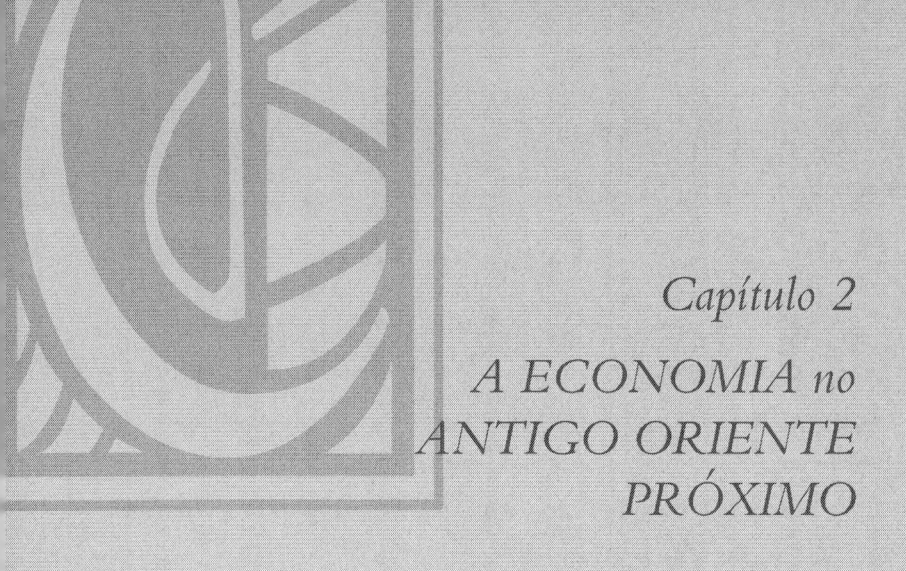

A ECONOMIA no ANTIGO ORIENTE PRÓXIMO

Neste capítulo estudaremos alguns aspectos da economia no Antigo Oriente Próximo, articulados sob a forma de conceitos. Veremos quais as principais teorias envolvendo o funcionamento econômico das sociedades que habitavam essas regiões, com ênfase no Egito e na Mesopotâmia.

O objetivo deste capítulo é demonstrar que as sociedades antigas, como a egípcia e a mesopotâmica, possuíam uma forma de organização muito particular e que devemos estudá-las atentando-nos às suas especificidades, sem atribuirmos a elas formas de funcionamento que não lhes são próprias, mas, sim, pertencentes às sociedades contemporâneas.

A economia das sociedades do Antigo Oriente Próximo é caracterizada por uma forma de organização não capitalista, cujos elementos são bastante diferentes daqueles existentes nas economias atuais, as quais são baseadas em leis de mercado e regidas pelo capital. Uma diferença marcante, por exemplo, é que nessas sociedades antigas não se fazia uso da moeda tal qual fazemos atualmente.

Compreenderemos, portanto, as formas de organização econômica na Antiguidade Oriental Próxima, verificando quais as principais atividades ali desenvolvidas e como os estudiosos vêm interpretando as suas estruturas ao longo do tempo.

(2.1)

O ESTUDO DAS ECONOMIAS ANTIGAS

Heródoto (2001), em sua obra, deixou sua impressão sobre o Egito: "O Egito é uma dádiva do Nilo". E ele tinha razão. Assim como na terra dos faraós, a existência de estabelecimentos humanos complexos no Antigo Oriente Próximo só foi possível através do aproveitamento humano dos recursos naturais. No caso da

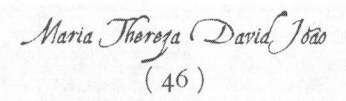

Mesopotâmia, a existência dos rios Tigre e Eufrates, e do Nilo, no Egito, deu contornos muito próprios ao tipo de sociedade que se desenvolveu nessas regiões. Mesopotâmia, por exemplo, quer dizer "região entre rios", e foi isso o que permitiu que as terras que se encontravam entre eles se tornassem férteis o suficiente para o estabelecimento da agricultura.

Tanto o Nilo quanto o Tigre e o Eufrates aumentavam o volume de suas águas em uma determinada época do ano, o que era conhecido como *cheia*. As cheias dos rios aconteciam periodicamente e, ao chegarem, inundavam as regiões à sua volta, trazendo o aluvião, um depósito de areia, cascalho e argila que permitia que, quando a água baixasse, a terra fosse fertilizada. O solo estaria, então, pronto para a semeadura. Para aproveitar melhor os recursos do rio, foram necessários grandes empreendimentos na área de irrigação, que eram realizados quer pelo Estado, quer pelas comunidades aldeãs. No caso da Mesopotâmia, as cheias não eram tão regulares quanto eram no Egito e muitas vezes acabavam por destruir o solo, em vez de fertilizá-lo, em razão da violência e do grande volume das águas. Por essa razão, os mesopotâmicos construíram grandes complexos hidráulicos, com diques e barreiras para conter as águas dos rios e canais para escoá-las.

Por muito tempo se achou que o surgimento do Estado nas sociedades do Antigo Oriente Próximo teve sua origem na necessidade de se estabelecer um controle centralizado das obras de irrigação, já que era do aproveitamento e do controle das cheias dos rios que dependia a economia agrícola dessas regiões. A isso se chamou *hipótese causal hidráulica*[m], o que influenciou muito o pensamento de autores do século XIX e início do século XX. Contudo, essa interpretação começou a ser revista, pois os elementos que a sustentavam não se mostraram válidos quando confrontados com os registros históricos e arqueológicos. No caso do Egito, por exemplo, não há indícios de que o sistema de irrigação tenha conhecido um controle centralizado já na época da unificação, o que só aconteceu após o Reino Médio (2055-1650 a.C.), portanto, muito tempo depois. O sistema de irrigação era, até esse momento, realizado em caráter local. O mesmo ocorria na Mesopotâmia, onde obras hidráulicas realizadas por governantes só foram feitas muitos séculos depois do surgimento da urbanização e da civilização nessa região.

Apesar da falência da hipótese causal hidráulica, um fato é certo: a presença de rios no território do Antigo Oriente Próximo foi fundamental para o desenvolvimento das civilizações que ali existiram e, sem as cheias e sem a organização de um sistema de irrigação complexo, dificilmente essas sociedades teriam prosperado, pois sua geografia era cercada de territórios estéreis.

Figura 2 – Mapa da Mesopotâmia

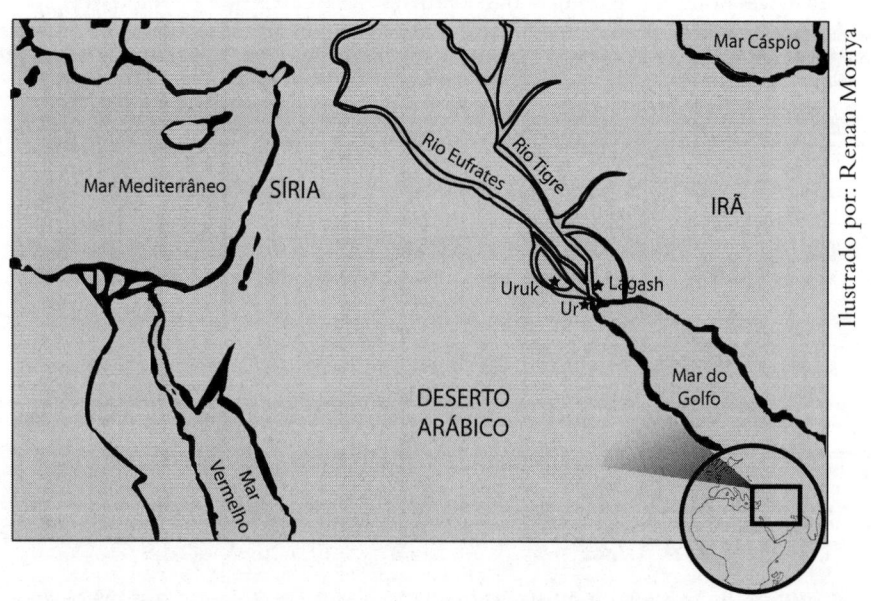

Figura 3 – Mapa do Egito

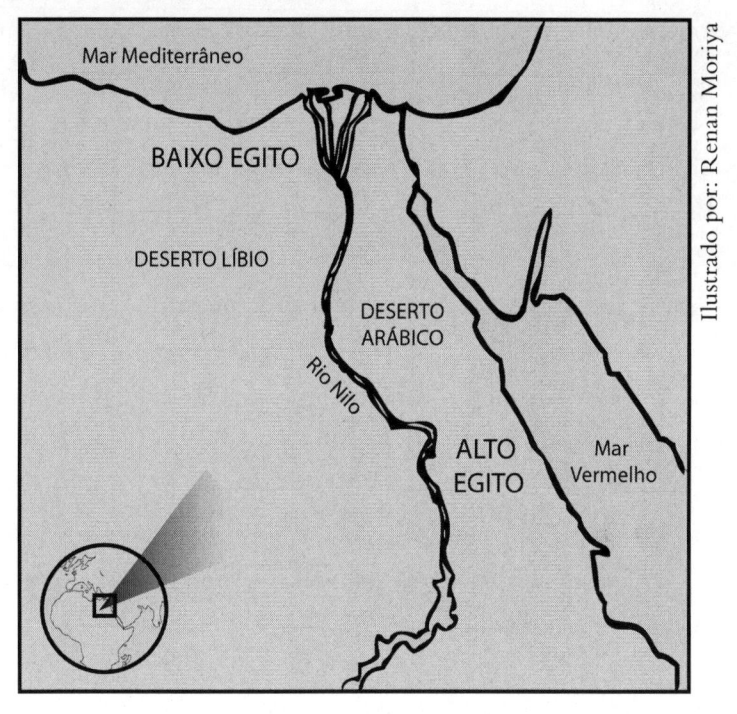

Mar Mediterrâneo

BAIXO EGITO

DESERTO LÍBIO

DESERTO ARÁBICO

Rio Nilo

ALTO EGITO

Mar Vermelho

Ilustrado por: Renan Moriya

    Essa é, portanto, uma primeira característica do funcionamento da economia próximo-oriental, que dependia, em última instância, do aproveitamento dos rios, pois a base da economia da região era essencialmente agrícola. Quando em que as cheias eram insuficientes ou arrasadoras demais corriam problemas gravíssimos, como escassez de alimentos e fome em todo o território. Períodos de instabilidade política, como o Primeiro Período Intermediário (2181-2055 a.C.), no Egito, podem até mesmo ter como uma de suas causas problemas no curso normal das cheias do Nilo, o que demonstra a grande dependência para com os recursos naturais, especialmente hídricos. A destruição de obras hidráulicas na Mesopotâmia, em virtude de guerras, também levou a região a vivenciar momentos bastante complicados concernentes à sua subsistência.

Especialmente depois da segunda metade do século XX, houve um interesse especial em se entender a lógica de funcionamento das sociedades do Antigo Oriente Próximo, consequência em grande parte do contato das nações europeias com as sociedades africanas e asiáticas durante a corrida imperialista. Foram formulados, nessa época, alguns modelos explicativos que se aplicariam a todas as sociedades ditas orientais. No século XIX, Karl Marx criou o modelo do modo de produção asiático, o qual até hoje vem sendo revisto e reutilizado por uma grande parte dos estudiosos. Já no século XX, os debates giraram em torno, basicamente, de duas concepções concorrentes: formalista e substantivista, as quais estudaremos mais adiante.

O modelo marxista do **modo de produção asiático** é, segundo Cardoso, utilizado para

> *designar um tipo de sociedade em que uma "comunidade superior", mais ou menos confundida com o Estado e que se encarna num governante "divino", explora mediante tributos e trabalhos forçados as comunidades aldeãs – caracterizadas pela ausência de propriedade privada e pela autossuficiência, permitida pela união do artesanato e da agricultura. Nas discussões do século XX, preferiu-se substituir o inadequado adjetivo "asiático" – posto que as sociedades desse tipo não são somente da Ásia – por "despótico-tributário", "tributário", "despótico-aldeão" etc.* (Cardoso, 2005, p. 82)

Tendo em vista a evolução das sociedades próximo-orientais, em especial a egípcia e a mesopotâmica, autores como Liverani e

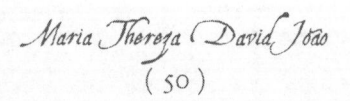

Zaccagnini propuseram, segundo Cardoso (2005), outros quadros de referência para interpretação. Liverani formulou os conceitos de **modo de produção doméstico** e de **modo de produção palatino**, os quais são resumidos por Cardoso (2005, p. 23-28):

- **Modo de produção doméstico** – Fruto da revolução neolítica, suas principais características são economia de subsistência, ausência de divisão e especialização do trabalho, ausência de diferenciação em classes sociais e propriedade comunitária da terra.
- **Modo de produção palatino** – Fruto da revolução urbana, caracteriza-se pela existência de grandes complexos palaciais e templários como centros de organização social. A economia, centralizada, passava por mecanismos de concentração e posterior redistribuição de excedentes conseguidos com cobrança de tributos e trabalhos forçados. Essa economia, contrariamente à anterior, caracteriza-se por uma forte divisão e uma especialização do trabalho e pela existência de diferentes formas de propriedade da terra.

A importância desses dois autores reside no fato de que eles foram os primeiros a atribuir o funcionamento das sociedades do Antigo Oriente Próximo à articulação desses dois modos de produção. O modo de produção[m] doméstico, próprio das comunidades aldeãs, teria sido a primeira forma de organização econômica. Mais tarde, com a revolução urbana e o surgimento de grandes complexos palaciais, essa primeira forma de organização econômica, em vez de desaparecer, tornou-se, na verdade, a base sobre a qual o novo – o palatino – pôde se desenvolver e reproduzir (Cardoso, 2003a, p. 154).

Além das teorias envolvendo os modos de produção, cuja influência do marxismo[m] é inegável, no século XX o debate acerca das economias pré-capitalistas se polarizou em duas correntes: formalista e substantivista.

A corrente **formalista** é aquela que pressupõe que o estudo das economias antigas pode ser feito à luz das teorias econômicas formuladas para explicar os mecanismos que regem as economias modernas e contemporâneas. Isso significa dizer que a lógica capitalista poderia muito bem ser utilizada para o estudo de sociedades de todas as épocas e que a aplicação de conceitos tais como lucro, capital e mercado seria universalmente válida.

Já a corrente **substantivista**, que deriva dos ensinamentos de Karl Polanyi, propõe que a economia das sociedades antigas não pode ser estudada tendo por base as modernas teorias econômicas, uma vez que a economia estaria incrustada no social e, portanto, sujeita às especificidades de uma determinada época. Os seguidores de Polanyi não concordam com a aplicação de padrões caracteristicamente capitalistas na análise das sociedades antigas. O seu funcionamento se daria, para eles, por mecanismos de **reciprocidade**, relacionada ao dom e ao contradom – atráves do qual o dono de uma "casa" (seja esta "casa" o Egito como um todo ou uma unidade familiar) realizava trocas (chamadas *presentes*) com membros de outras "casas", seus "irmãos", quer em virtude de relações de parentesco, quer por obrigações de cunho político ou religioso – e **redistribuição**, que se relaciona à redistribuição dos excedentes pelo Estado.

Segundo Cardoso (1994, p. 42-47), seriam quatro as lógicas de organização econômico-social existentes nas sociedades próximo-orientais:

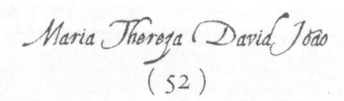

- lógica palacial-aldeã;
- lógica da grande economia familiar ou individual;
- lógica da pequena economia familiar ou individual;
- lógica escravista.

A primeira delas, denominada *lógica palacial-aldeã* ou *tributário-aldeã* é aquela que articula os dois modos de produção propostos por Liverani. Conforme já dissemos, esse tipo de organização surgiu em decorrência da urbanização e, posteriormente, do controle que o Estado passou a exercer sobre as comunidades aldeãs a partir da estabilização da agropecuária sedentária. Apesar disso, as aldeias continuaram a possuir certa autonomia. Os complexos econômicos estatais passaram a controlar a economia dos territórios próximo-orientais, centralizando a organização das riquezas e do trabalho social. Dessa forma, a riqueza outrora obtida com a tributação das aldeias e com a prestação da corveia – serviço compulsório devido ao Estado em épocas de entressafra, quando não havia terras para trabalhar – era concentrada nos complexos estatais para posterior redistribuição, pelo próprio Estado, dos excedentes à população. O pagamento da corveia poderia ser feito com a construção de grandes obras públicas ou o trabalho nos campos, por exemplo, e os trabalhadores recrutados recebiam remuneração diária, na forma de rações, pelo serviço prestado. Os tributos cobrados das comunidades aldeãs eram pagos na forma de gêneros alimentícios e, devido a mecanismos de solidariedade interna, essas comunidades auxiliavam-se mutuamente no pagamento dos impostos devidos (Cardoso, 1994).

Essa lógica prevaleceu em territórios como o do Egito e da Baixa Mesopotâmia, em virtude de sua fertilidade. A exploração das aldeias, nessas regiões, não exauria os recursos disponíveis como ocorria, por exemplo, na Síria, que era uma região de baixa produtividade. É por isso que a lógica tributário-aldeã não funcionava tão bem quanto em regiões mais férteis, inexistindo nelas, portanto, complexos templários destinados à exploração das comunidades aldeãs (Cardoso, 1994).

A segunda lógica de organização econômico-social é a da **grande economia familiar** ou **individual**, que surgiu principalmente de interesses privados no comércio de longa distância. Grandes funcionários, sacerdotes e comerciantes que investiram em terras e escravos conseguiram criar uma rede de subordinação, constituindo assim uma pequena clientela a seu serviço. Algumas pessoas ricas conseguiam arrendar terras palaciais para posteriormente dividi-las em lotes e subarrendá-las a outras pessoas, controlando dessa forma as relações econômicas na propriedade.

Havia, ainda, a lógica da **pequena economia familiar** ou **individual**, que era própria de lavradores que conseguiam certa autonomia econômica, muito embora em uma escala reduzida. A lógica **escravista** também era encontrada no Antigo Oriente Próximo, mas é preciso tomar cuidado e perceber que o escravo, nessas regiões, era muito diferente daquele existente nas sociedades romana e ateniense e daquele utilizado na colonização da América pelos portugueses. Em primeiro lugar, devemos ter em mente que os escravos não eram a base das relações de produção dessas sociedades. Em segundo lugar, os escravos, nas sociedades próximo-orientais, possuíam personalidade jurídica e tinham certos direitos reconhecidos, diferentemente dos casos citados anteriormente (Cardoso, 1994).

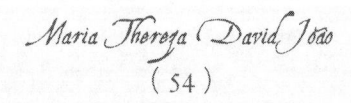

(2.2)
A ECONOMIA MESOPOTÂMICA

Após termos estudado, por uma breve introdução, alguns aspectos das economias do Antigo Oriente Próximo, veremos agora quais são os debates que envolvem a natureza da economia da Mesopotâmia e as relações nela envolvidas.

Nas primeiras décadas do século XX (1920-1930), exerceram considerável influência os pressupostos desenvolvidos pelos estudiosos A. Deimel e A. Schneider, os quais desenvolveram as teorias chamadas, em alemão, de *Templestadt* e *Templewirtschaft*. A ideia central que permeava o pensamento desses autores era a de que haveria uma instituição simultaneamente política, religiosa e econômica, chamada por eles de *templo-Estado*, que exercia o controle dos recursos produtivos, como a terra e os recursos hídricos. Essa instituição era responsável, também, pelo controle da mão de obra, das atividades agrárias, ao mesmo tempo em que exercia uma forte influência política e religiosa na sociedade. Isso implica dizer que a economia na Mesopotâmia Antiga era altamente centralizada e que o templo era quem exercia o monopólio do acesso à terra, não havendo outros modos de acesso a ela. É importante, contudo, que percebamos que esse modelo centrado na instituição do templo é válido somente para a primeira parte do terceiro milênio a.C. Depois disso, em vez do templo, passou-se a ter o Estado como instância centralizadora (Rede, 2007). Podemos verificar, conforme vimos anteriormente, que as ideias desses dois autores têm forte influência dos estudos marxistas a respeito do modo de produção asiático.

A interpretação de A. Deimel e A. Schneider prevaleceu por muito tempo, até os anos 1950. Nesse período, outro autor, A. Falkenstein, utilizou as ideias desses dois estudiosos fazendo, contudo, algumas adaptações como, por exemplo, mudar o nome templo-Estado para *cidade-templo* (Rede, 2007).

Essas visões, todavia, passaram a sofrer, nessa mesma época, algumas contestações. Os debates tomaram dois contornos. De um lado, estava a **Escola de Leningrado**, uma corrente de pensamento cujo principal representante era Diakonoff que passou a questionar o modelo da centralização da terra e da economia por templos e palácios. Para os representantes dessa escola, existiria um setor comunal que agia no controle dos recursos provenientes da terra e da organização agrícola. I. J. Gelb, no outro lado do debate, também propôs a contestação da visão de monopólio por templos e palácios e sugeriu a existência de formas de apropriação privada do solo (Rede, 2007).

Por muito tempo também se discutiu sobre a própria natureza da economia da Mesopotâmia, na esteira dos debates entre formalistas e substantivistas. Há aqueles que entendem as economias antigas, como a mesopotâmica, da mesma forma que compreendem as economias modernas, ou seja: o funcionamento das economias antigas seria regido pelas mesmas regras de funcionamento de uma economia capitalista, sujeito às leis de oferta e procura. Outros autores postulam a especificidade histórica das economias da Antiguidade, dizendo que as leis que regem o mercado capitalista são estranhas a elas, pois têm funcionamento diverso das economias modernas. Marcelo Rede diz, nesse sentido, que nas economias antigas

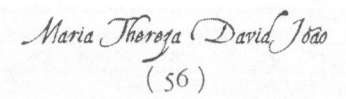

> *A circulação de bens se dá no interior de uma rede de relações sociais ou política e o universo do econômico não é provido de uma autonomia, nem prática nem conceitual. A economia seria, assim, incrustada no social, ao contrário do que ocorre sob o regime capitalista, em que ela imporia sua lógica às demais dimensões da vida.* (Rede, 2007, p. 27)

Em outras palavras, o que o autor nos explica é que não podemos entender as economias antigas, no caso, a da Mesopotâmia, como uma instância autônoma, regida por leis próprias e sem relação com o social. A economia, nesse caso, não existe sozinha, mas somente articulada de forma inseparável a outros elementos próprios da sociedade a que pertence.

A base da vida econômica na Mesopotâmia era a agricultura intensiva, desde cedo associada à pecuária. Entre as principais culturas desenvolvidas na região estão a cevada e vários tipos de trigo. A coleta de grãos era uma atividade essencialmente masculina, mas há indícios de que algumas mulheres pobres eram empregadas nesse serviço, exercendo atividades como carregar grãos, revolver o solo com o arado e carregar barcos (Trigger, 2003).

Muito mais que o cultivo de gado bovino, o qual era utilizado para puxar carros e o arado e fornecer carne e leite para a alimentação, a criação de ovelhas e cabras era utilizada em larga escala na Mesopotâmia. A lã obtida das ovelhas era extremamente importante na fabricação de produtos têxteis. Há indícios, igualmente, de que os mesopotâmicos criavam e se alimentavam de porcos. O asno também era criado na Mesopotâmia, o qual era utilizado principalmente para puxar carros, já que esse povo não conhecia o cavalo.

Outra atividade bastante importante era a pesca, pois o peixe era uma importante fonte proteica. A pesca era muito mais praticada que a caça, a qual era somente uma atividade complementar. A coleta também era praticada pelos mesopotâmicos, com a finalidade especial de obter juncos para a fabricação de objetos e material de construção.

Fontes indicam a presença bem desenvolvida de atividades ligadas ao artesanato, como a escultura, a ourivesaria, a carpintaria, a alfaiataria, entre outras. Há, inclusive, registros da presença de grandes oficinas controladas pelo Estado.

Não podemos esquecer, também, da presença de comerciantes na região, que realizavam seu trabalho a serviço dos templos e do Estado. Isso não impediu, contudo, que eles exercessem atividades no âmbito privado, que se desenvolveram ao longo do tempo.

A economia mesopotâmica era **protomonetária**, o que significa que nela inexistia a moeda cunhada. A cevada e os metais funcionavam como padrão de valor e unidade de conta nas relações comerciais internas. Externamente, o pagamento poderia ser feito com lingotes de metal (Cardoso, 1994).

Como a região da Mesopotâmia passou por diversas fases políticas, ora ficando sob o jugo de uma cidade, ora de outra, nas quais se sucederam impérios, é claro que as relações econômicas sofreram também variações ao longo do tempo. A questão da propriedade de terras é um exemplo.

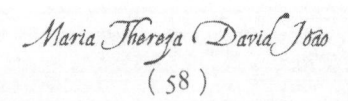

Durante o terceiro milênio a.C. (período sumero-acadiano), o setor dos templos predominava sobre o dos palácios. Diakonoff, por exemplo, afirma que os templos eram donos de metade do solo arável, e o restante das terras era dividido entre terras dos palácios e terras comunais. Alguns comerciantes, chamados *damgar*, também conseguiram adquirir pequenas riquezas pessoais que os permitiram obter terras para cultivo e arrendamento (Cardoso, 1994).

A sociedade da primeira metade do segundo milênio a.c, no chamado *Período Paleobabilônico*, estava dividida em três categorias: *awilum* (homem livre), *mushkenum* (também homem livre, mas de status inferior ao *awilum*) e *wardum* (o escravo).

Como mostra Cardoso, havia três tipos de propriedade sobre a terra neste período: "1. As extensas terras reais. 2. Os domínios dos templos, muito menos importante do que no período sumero-acadiano. 3. As propriedades privadas, geralmente pequenas, mas numerosas" (Cardoso, 1994, p. 47).

Nesse momento houve um grande desenvolvimento das atividades privadas. Os mercadores (*tamkaru*), embora a serviço do Estado, conseguiram desenvolver atividades privadas de forma considerável. Muitos especialistas creditam esse crescimento ao desenvolvimento do direito privado, postulado especialmente no famoso Código de Hamurabi. Vejamos uma passagem dessa legislação, na qual são imputadas punições àqueles que atentassem contra a propriedade (propriedade, aqui, está usada seu sentido amplo, e não apenas para designar propriedade de terras):

> *Se um homem roubou o tesouro do deus ou do palácio, este homem será morto, e aquele que recebeu o objeto roubado pela sua mão (o receptador) será morto. Se um homem roubou seja um boi, carneiro, asno, porco ou uma barca, se (for de propriedade) de um deus, de um palácio, ele dará até trinta vezes, se (for) de um muskenum ele devolverá até 10 vezes, se o ladrão não tiver como pagar, ele será morto. Se um homem deixou escapar um boi ou um asno que lhe haviam confiado, ele devolverá a seu*

proprietário boi por boi, asno por asno. Se o pastor, a quem foi entregue gado de pequeno ou grande porte para fazer pastar, tiver recebido todo o seu salário, e estiver com o coração alegre, se com ele diminuir o gado de grande porte, o gado de pequeno porte, diminuir a reprodução, conforme a boca (texto) de suas convenções, ele entregará a reprodução e a renda. Se o pastor a quem foi entregue gado de grande ou pequeno porte se tornou infiel e mudou a marca e deu-a por dinheiro, ele será persuadido, e ele dará ao proprietário até 10 vezes o que roubou do rebanho. (Pinsky, 2003, p. 141-142)

Nesse trecho, podemos observar a existência dos vários tipos de propriedade, como as pertencentes aos deuses (templos), ao palácio, ao *muskenum* e ao arrendamento. Verificamos que o dano à propriedade dos primeiros implicava em punições bem mais graves que a do *muskhenum*, por exemplo.

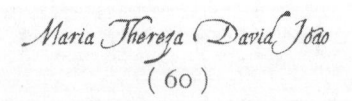

Outra forma de proteger a propriedade era através do *misharum*, um decreto que tinha por objetivo anular dívidas, inclusive a escravidão decorrente delas. A escravidão, na Mesopotâmia, poderia ocorrer das seguintes formas: pela guerra, nas quais o inimigo subjugado, feito prisioneiro, era transformado em escravo; por condenações judiciárias e pelo não pagamento de dívidas. A utilização de escravos era feita, em sua maioria, no serviço doméstico e no artesanato. É importante relembrar o que já foi dito anteriormente: na Mesopotâmia e nas sociedades do Antigo Oriente Próximo, os escravos não constituíam a base das relações de produção e gozavam de um *status* bastante diferente do tipo de escravo a que estamos acostumados ouvir falar, pois, por mínimos que fossem, essas pessoas possuíam certos direitos juridicamente assegurados. O Código de Hamurabi regulava alguns aspectos da escravidão, como os transcritos na passagem a seguir:

> *Se um homem comprou um escravo ou escrava e (se) este não tiver cumprido seu mês (de serviço) e (se) uma moléstia (dos membros) se apossou dele, ele retornará a seu vendedor e o comprador tomará o dinheiro que dispendeu. Se um homem comprou um escravo ou uma escrava e (se) surgir uma reclamação, seu vendedor satisfará a reclamação. Se um homem, num país inimigo, comprou um escravo ou uma escrava de um homem, assim que for ao centro do país e (assim) que o senhor do escravo homem ou da escrava mulher reconhecer seu escravo homem ou sua escrava mulher, se o escravo homem ou a escrava mulher são filhos do país eles serão postos em liberdade sem dinheiro (lhes será concedida liberdade), se são filhos de um outro país, o comprador declarará diante de deus o dinheiro dispendido, e o senhor do escravo homem ou da escrava mulher dará ao damqarum o dinheiro que este despendeu e este tornará a comprar seu escravo homem ou mulher. Se um escravo diz a seu senhor: "Tu não és meu senhor", o seu senhor o convencerá de ser seu escravo e lhe cortará a orelha.* (Pinsky, 2003, p. 9-10)

O texto do código mostra o escravo como sujeito à compra e à venda e, pelo seu conteúdo, podemos perceber que visava muito mais à proteção do proprietário que do escravo.

Durante o domínio assírio, no primeiro milênio a.C., as cidades de Babilônia, Sippar, Nippur e Uruk se tornaram grandes centros agrícolas e manufatureiros. O período posterior, chamado

Império Neobabilônico, foi marcado pela retomada de importância majoritária dos templos, constituindo o *shirkatu*, ou seja, uma "sociedade dos templos". Após esse período, acabou o domínio exercido por impérios de população autóctone, e os persas passam a controlar a região. A novidade trazida pelo Império Persa à economia mesopotâmica foi a moeda cunhada.

(2.3) A economia no Egito Antigo

Já dissemos anteriormente que a economia egípcia era em grandíssima parte dependente das cheias do Rio Nilo, as quais tornavam o solo propício para a agricultura em um território que era, e até hoje é, cercado por desertos. O Egito é dividido, em razão de sua geografia, em duas partes: o delta, chamado também de *Baixo Egito*, e o vale, conhecido como *Alto Egito*. Os egípcios chamavam a sua terra de *kmt*, que significa "terra negra", em alusão às terras férteis localizadas próximas ao Nilo. *Desheret*, ou "terra vermelha", era o termo empregado por eles para se referirem ao deserto.

Podemos conhecer melhor as principais atividades econômicas egípcias através da iconografia. As tumbas dos antigos egípcios, adornadas com cenas cotidianas, fornecem-nos um rico material de estudo, muito mais que os registros escritos, que são escassos. Vejamos, por exemplo, a cena a seguir, retirada da tumba de um nobre egípcio, mostrando uma etapa do trabalho agrícola:

Figura 4 – Cena de trabalho agrícola ilustrada
na tumba de Sennedjem

A agricultura egípcia, à semelhança da mesopotâmica, foi feita tendo em vista a união com a pecuária, afirmação confirmada pela imagem mostrada. Os principais produtos cultivados eram a cevada, o *emmer* (um tipo de trigo duro usado na fabricação de cerveja, a qual constituía uma das bases de alimentação dos egípcios, dado o seu alto valor proteico) e o linho, bastante utilizado na fabricação de tecidos. O cultivo de animais era importante não só por fornecer alimento e matéria-prima para a fabricação de tecidos, como é o caso da lã das ovelhas, mas também porque ajudava na fertilização do solo. Na cena mostrada, vemos como o boi era utilizado no trabalho dos campos, no caso, puxando o arado. Entre as criações de animais mais importantes do Antigo Egito estavam o gado bovino e, em maior escala, ovelhas, cabras, porcos e asnos.

Outra importante atividade econômica era o artesanato, no qual a fabricação de tijolos, pão, vinho, cerveja e tecidos merece destaque. Cardoso (1994) observa dois níveis de produção artesanal: o primeiro era o das aldeias, nas quais eram fabricados objetos mais grosseiros; o segundo era o da produção nas oficinas, localizadas nos palácios, templos ou grandes domínios, nas quais se produziam artigos de altíssima qualidade. A matéria-prima necessária para a produção dos artigos artesanais, muitas vezes, tinha de ser buscada fora do Egito, como é o caso do lápis-lazúli, uma pedra preciosa bastante valiosa para os egípcios, e a madeira de qualidade, como o cedro, adquirido em Biblos (atual Líbano). Já o ouro, por exemplo, era abundante no território egípcio, sendo a prata, para eles, muito mais valiosa. A exploração de matérias-primas em minas e pedreiras, fora e dentro do Egito, era monopólio do faraó, que realizava expedições a outras localidades. A terra de Punt, localizada no Sinai, era muito atrativa para os egípcios em função dos produtos que poderiam ser encontrados lá, como o incenso, artigo de grande valor.

O escambo era praticado no Egito como um importante instrumento de troca, já que a moeda era pouco utilizada e a compra e a venda exerciam papel minoritário.

Cardoso observa a existência de dois níveis na estrutura econômica egípcia: as estruturas econômicas estatais, baseadas nos mecanismos de centralização, corveia e redistribuição, das quais já falamos anteriormente, controladas com a ajuda de governadores locais chamados *vizires*; e o nível das unidades domésticas. O historiador define unidade doméstica da seguinte forma:

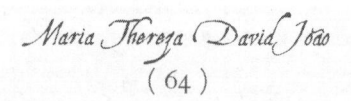

A unidade doméstica define-se como um "grupo doméstico corresidente": habitualmente o seu núcleo é uma família, mas a ela se podem somar outras pessoas (escravos, criados, agregados, dependentes diversos). Também convém incluir na noção de unidade doméstica os bens de todo tipo de que dispõe o grupo corresidente. (Cardoso, 2007)

As unidades domésticas poderiam ser simples, múltiplas, expandidas ou extensas, dependendo das gerações e dos diferentes graus de parentesco que se sucediam e que coabitavam no grupo doméstico.

Essas unidades eram articuladas em torno de alguns aspectos fundamentais, como a existência de formas de solidariedade econômico-social. Um exemplo são as relações comerciais realizadas entre as famílias e a existência, nelas, das trocas de dons e de contradons.

O controle da irrigação e de aspectos do ciclo agrário era também um dos princípios de organização da unidade doméstica, a exemplo do controle sobre as obras de irrigação. Um último aspecto é o da existência de amplas funções administrativas e judiciárias, que permitiam a resolução de conflitos no nível local, e a regulação de certas querelas administrativas, como o direito de herança. Para tanto, era necessária a existência de conselhos locais, chamados individualmente de *kenebet* e formados por anciãos (Cardoso, 1994, p. 71-72).

Jacob Janssen, influenciado pelas ideias de Polanyi, propôs, entre as décadas de 1970 e 1980, algumas generalizações sobre a economia do Egito Antigo, tomando por base o período raméssida. De base substantivista, esse autor sustentou que as leis de oferta e procura, típicas das sociedades capitalistas, não seriam aplicáveis ao Egito Antigo. O que regeria o "mercado" nessa sociedade seriam os mecanismos de redistribuição e reciprocidade. O mecanismo de redistribuição, já mencionado anteriormente, é aquele da lógica de concentração dos excedentes pelo palácio e pelos templos para posterior redistribuição (Rede, 2007). Essa era uma das maneiras pelas quais bens não produzidos pelos camponeses poderiam chegar a eles, já que a compra e a venda exerciam papel muito limitado na sociedade egípcia, em virtude da prática do dom e do contradom. Sob a ótica dessa atividade seria, por exemplo, possível entender como ocorriam as relações internacionais no Egito do Reino Novo (1550-1069 a.C.). Um importante documento para averiguar o funcionamento dessas relações são as chamadas *Cartas de Amarna*, redigidas no idioma acadiano, usado na época como língua das relações internacionais. Trata-se de correspondências trocadas entre os grandes reis da época (egípcios, assírios, babilônicos, hititas, do Mittani, da Ásia menor e do Chipre), referindo-se a objetos trocados entre as cortes. Essas trocas, como já vimos, eram chamadas *presentes*, não possuíam valor mercantil e serviam para assegurar as boas relações entre os governantes, como diz, por exemplo, Burraburiash II, rei da Babilônia, em correspondência ao rei egípcio:

> *Outrossim, no país de meu irmão, dizem-me, tudo está disponível, e meu irmão de nada absolutamente tem necessidade. Outrossim, no meu país tudo está disponível e, de minha parte, nada absolutamente necessito. (No entanto), nós herdamos boas relações que existem há muito de reis (do passado), de modo que deveríamos enviar saudações um ao outro. Estas boas relações é que serão duradouras entre nós.* (Cardoso, 1994)

Vemos, no trecho, como os governantes se tratam de "irmãos" e o envio de saudações a que se refere o texto nada mais é que o envio de "presentes". Chamam-se *dom* e *contradom* essas relações porque o oferecimento de um "presente", por parte de um rei, implica o oferecimento de outro em agradecimento.

Contudo, por mais que a finalidade expressamente mercantil não estivesse presente, as trocas realizadas entre os governantes poderiam atingir enormes quantidades e muitas vezes eram feitas tendo em vista a necessidade de artigos por parte daquele que iria receber o "presente". Essas trocas, portanto, tendiam a uma complementaridade entre as regiões – o que era produzido em um local e não era produzido no outro era enviado na forma de "presente", o qual era agradecido enviando-se produtos de que não dispunha o "irmão" cedente e assim por diante.

Síntese

Neste capítulo estudamos as principais características dos sistemas econômicos existentes no Egito e na Mesopotâmia. Vimos que os recursos hídricos eram extremamente importantes para a prosperidade dessas civilizações e estavam na base das suas relações econômicas.

Tentando explicar o funcionamento econômico das sociedades antigas próximo-orientais, surgiram, a partir do século XIX, modelos explicativos, como o de modo de produção asiático de Karl Marx.

Contudo, é preciso tomar o cuidado de perceber que os modelos aqui estudados não podem ser forçados a se encaixarem na prática, e as especificidades de cada caso devem ser sempre levadas em conta no momento de analisarmos as características políticas, econômicas, culturais – ou de qualquer outra ordem – de uma determinada sociedade.

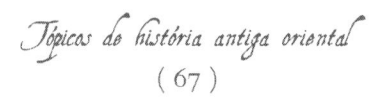

Indicações culturais

The British Museum. *Ancient Egypt*. Disponível em: <http://www.ancientegypt.co.uk>. Acesso em: 05 out. 2009.

Site *em inglês mantido pelo Museu Britânico, no qual podem ser encontrados textos versando sobre diversos aspectos da sociedade egípcia.*

The Ancient Egyptian economy. Disponível em: <http://nefertiti.iwebland.com/economy/index.html>. Acesso em: 05 out. 2009.

Também em inglês, nesse endereço você encontra um artigo a respeito das principais atividades econômicas desenvolvidas no Egito Antigo.

Atividades de autoavaliação

1) Sobre as sociedades próximo-orientais, assinale falso ou verdadeiro:

( ) O sistema de irrigação na Mesopotâmia era bem mais complexo que no Egito, em razão das peculiaridades das cheias dos rios Tigre e Eufrates.

( ) A irrigação não era importante nas sociedades do Antigo Oriente Próximo, prova disso é a falência da hipótese causal hidráulica.

( ) No Egito, o controle da irrigação pelas comunidades aldeãs possibilitou a elas autonomia em relação ao Estado, diferentemente do que ocorria na Mesopotâmia, em que as comunidades aldeãs eram subordinadas aos templos.

( ) No Egito e na Mesopotâmia, uma característica importante da agricultura é que desde cedo ela foi vinculada à pecuária.

2) Sobre as sociedades próximo-orientais, assinale falso ou verdadeiro:

( ) O modo de produção asiático é aquele no qual se dá a articulação entre o modo de produção palatino e o modo de produção doméstico.

( ) Os mecanismos de redistribuição e de reciprocidade são categorias contemporâneas utilizadas para explicar o funcionamento das economias antigas, utilizados pelos formalistas.

( ) Tanto no Egito quanto na Mesopotâmia, o Estado e os templos eram os únicos proprietários de terras, inexistindo outras formas de acesso a elas.

( ) A unidade doméstica fazia parte da estrutura econômica egípcia, e um de seus aspectos fundamentais é a existência de formas de solidariedade econômico-social internas.

3) Leia as sentenças a seguir e assinale a opção corrreta:

I) O modo de produção palatino é característico da sociedade egípcia e inexiste no caso da Mesopotâmia, pois nessa sociedade predominava a instituição do templo, e não do palácio, como instância centralizadora.

II) As Cartas de Amarna, das quais podemos concluir sobre a complementaridade econômica entre as diferentes regiões do Antigo Oriente Próximo, corroboram a visão formalista, pois mostram a economia egípcia regida por mecanismos de oferta e procura, tipicamente capitalistas.

III) O mecanismo de redistribuição dependia em grande parte da corveia, da qual provinha parte substancial dos excedentes arrecadados e concentrados pelos templos e palácios.

a) Somente a alternativa I é correta.
b) Somente a alternativa II é correta.
c) Somente a alternativa III é correta.
d) Nenhuma alternativa é correta.

4) Leia o texto a seguir, parte de uma correspondência do governador de Terka ao rei Zimri-Lim:

> *Já que até o terceiro dia meus presságios permanecem favoráveis, reuni a cidade inteira, do habitante maior ao menor, e fi-los sair para recolher a cevada do vale. Por outro lado, reuni homens escolhidos, habitantes de Terka, e os destinei às forças de policia; depois, dei ordens severas.*

Fonte: Cardoso, 1984, p. 99.

O texto se refere:
a) Ao pagamento da corveia, um tipo de trabalho compulsório devido ao Estado, comum nas sociedades do Antigo Oriente Próximo, que implicava a realização de serviços como a participação nas construções de obras hidráulicas e trabalho nos campos.
b) Ao pagamento da corveia, um tipo de trabalho escravo existente nas sociedades próximo-orientais, pelo qual as pessoas recrutadas eram obrigadas a prestar serviços ao Estado na forma de trabalho.
c) Ao relato de um proprietário de escravos contendo a descrição das atividades a eles impostas.
d) Ao modelo da cidade-templo mesopotâmica, proposto por Diakonoff, pelo qual o templo, dono de grande parte das terras cultiváveis, obrigava a população à prestação de serviços em seus domínios.

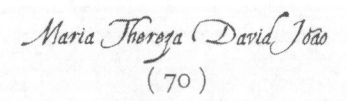

5) Leia o texto sobre a Baixa Mesopotâmia e responda:

> Se [...] uma escrava [fugiu da casa do senhor] e ultrapassou o território da cidade, e (outro) homem a trouxer de volta, o dono da escrava pagará ao que a trouxe de volta dois shekels^I de prata. [...] Se ele não tiver uma escrava, deverá certamente pagar dez shekels de prata. Se ele não tiver prata, pagar-lhe-á (com) quaisquer possessões que (tiver). Se a escrava de um homem, comparando-se à sua senhora, falar insolentemente com esta, sua boca será esfregada com um quarto de sal. [grifo nosso]

Fonte: Cardoso, 2003, p. 106.

a) O texto faz referência à importância do regime escravista na Mesopotâmia que, assim como no Egito, constituía a base das relações econômicas – prova disso é a necessidade de recompensar quem recuperasse um escravo fugido.

b) O texto demonstra que o tratamento com os escravos na Antiga Mesopotâmia era menos cruel que aquele realizado milênios mais tarde pelos europeus em suas possessões na América.

c) O texto aponta para o valor dado aos escravos na Antiga Mesopotâmia, que eram propriedade de seu senhor; logo, danos, como fugas, deveriam ser ressarcidos como forma de proteção do patrimônio.

d) O texto visa apontar as crueldades cometidas contra os escravos na Mesopotâmia, a exemplo do castigo aplicado aos insolentes, que teriam suas bocas esfregadas com sal.

I. **Shekel** – Medida do peso que equivale a 8,41 gramas.

ATIVIDADES DE APRENDIZAGEM

Questões para reflexão

1) Leia o extrato de fonte a seguir, que trata de um decreto do rei Meli-Shipak concedendo isenção de impostos e corveia a seu filho Marduk-Apal-Iddin, e responda às questões a seguir:

> *Sua isenção, ele a estabeleceu assim: dízimos e taxas não devem ser impostos à sua terra; pessoas de seu domínio não podem ser chamadas para a corveia, o trabalho, a vigilância das inundações, a manutenção e reparação do canal real, a proteção das cidades de Bit-Sikkamidu e de Damik-Adad, entre as equipes recrutadas nas cidades do distrito de Nina-Agadé; elas (as pessoas de seu domínio) não estão obrigadas à corvéia nas barragens, ou diques do canal real, para fechar ou para cavar o leito do canal; um cultivador de suas terras, tanto estrangeiro quanto nativo, nenhum governador de Bit-Pir-Shadurabu pode fazê-lo sair de seu domínio; não está permitido exigir ali madeira, erva, palha cevada ou qualquer outra colheita, nem por ordem real, nem por ordem do governador, nem por ordem de quem quer que seja; águas não devem ser desviadas do (seu) canal de irrigação durante a baixa das águas do canal que comunica Rati-Anzanim com o canal do distrito real; [...] eles não estão obrigados a fazer um caminho ou uma ponte para o rei ou para o governador, e não devem prestar qualquer corveia nova que no futuro um rei ou governador ordenasse executar, ou qualquer corveia caída em desuso no passado e que fosse revivida.*

Fonte: Cardoso, 1984, p. 103.

a) Busque, na bibliografia de apoio, reflexões sobre o conceito de corveia e, com suas próprias palavras, escreva um texto de até cinco linhas dando o seu significado.

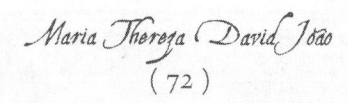

b) Quais obrigações o texto caracteriza como referentes ao pagamento da corveia?

c) Segundo o texto, para quem deveriam ser pagas as obrigações da corveia? Fundamente com passagens da fonte.

2) Leia o texto conhecido como "Sátira das Profissões" e responda:

> *Vi muita gente humilhada, (por isso) abre teu coração para os livros! Observei os forçados (à fadiga) dos trabalhos manuais: eis que nada é melhor do que trabalhar com livros, é como uma barca (deslizando) na água! [...] Não vejo uma profissão como a de escriba [...] É a mais importante das ocupações, não há outra como ela no Egito.*
>
> *[...]*
>
> *Também descrevo para ti o pedreiro. (Sempre) doem-lhe os quadris. Fica exposto ao vento e faz tijolos sem roupa: seu cinto é uma corda enrolada no traseiro. Seus braços esgotam-se pelo esforço de misturar todo tipo de refugo. Come pão e lava os dedos ao mesmo tempo.*
>
> *[...]*
>
> *O sapateiro padece muito com suas cubas de verniz. Sente-se tão bem como um homem entre cadáveres. Seus dentes só cortam couro.*
>
> *[...]*
>
> *Também falarei sobre o pescador, (pois) em a pior das ocupações. Eis que labuta no rio, misturado aos crocodilos. Na hora da contagem (do que passou) enche-se de lamentações e sequer pode alegar que havia um crocodilo (à espreita). O medo torna-o cego, e na época da cheia do rio ele entrega-se ao poder do deus.*
>
> *Eis que não há profissão sem chefe, exceto a de escriba: ele é o chefe. Por isso, se souberes escrever, este será para ti melhor que as outras profissões que te descrevi em sua desdita. Atenta para isso, não se pode chamar um camponês de ser humano.*

Fonte: Araújo, 2000, p. 217-224.

a) O texto da "Sátira das Profissões", datado provavelmente da XII dinastia egípcia, deprecia as demais profissões ao exaltar o ofício de escriba como o único digno. Considerando que a atividade de escriba era intimamente ligada à administração estatal, elabore uma hipótese que explique o porquê da exaltação desta profissão neste período específico da história egípcia, qual seja, o Reino Médio. Retome o texto do capítulo 1, sobre política no Egito Antigo, para auxiliar na resolução da questão.

Atividade aplicada: prática

1) Pesquise imagens que contenham cenas de atividades econômicas no Egito Antigo, a exemplo daquela retirada da tumba de Sennedjem. Você pode fazer sua pesquisa em livros e na internet. Depois, descreva cada cena e redija um pequeno texto falando sobre a importância de cada uma dessas atividades na economia egípcia.

Capítulo 3

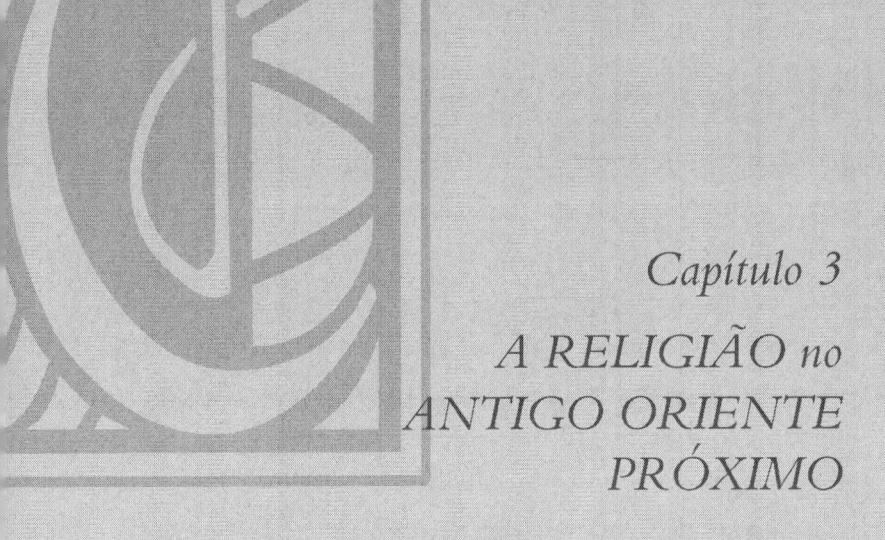

A RELIGIÃO no ANTIGO ORIENTE PRÓXIMO

Neste capítulo estudaremos algumas das mais importantes manifestações religiosas das sociedades do Antigo Oriente Próximo. Perceberemos, primeiramente, que não podemos estudá-las a partir de "**pré**-conceitos" existentes em nossa sociedade atual, mas, sim, de forma a compreendê-las como manifestações humanas destinadas a prover auxílio diante do sofrimento e do desconhecido, bem como era um modo de manter essas comunidades unidas.

Para tanto, é preciso que esclareçamos um pouco o nosso entendimento sobre o próprio conceito de religião, pois o que entendemos por religião hoje pode não se aplicar de forma correta aos casos que iremos estudar. Veremos como, no Egito e na Mesopotâmia, é impossível distinguirmos uma esfera religiosa separada das demais esferas da sociedade, como a econômica e a política, o que por si já se torna um diferencial com relação à maioria das religiões atuais.

O objetivo deste capítulo não é, contudo, traçar paralelos entre o mundo antigo e o contemporâneo, mas, sim, oferecer elementos que permitam, tanto quanto possível, entrarmos na lógica do pensamento religioso egípcio e mesopotâmico para que, em vez de a repelirmos como algo estranho a nós, possamos compreendê-las como parte de nós mesmos, como um exemplo de manifestação humana em sua busca por compreender o mundo.

(3.1)
Sobre o conceito de religião

Quando estudamos religiões antigas como a grega, a egípcia, a mesopotâmica ou a romana, é frequente nos depararmos com um sentimento de estranheza frente a concepções religiosas tão diferentes e tão distantes das nossas. Isso acontece porque tomamos o

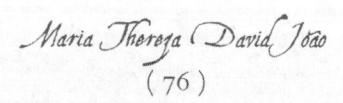

Maria Thereza David João

nosso modo de pensar ocidental como a referência para o estudo das demais religiões, o qual é, por sua vez, muito influenciado pelo pensamento judaico-cristão, especialmente em um país como o Brasil, de maioria católica. Nosso conceito de religião, aplicado a uma sociedade que não partilhava das mesmas crenças e expectativas que as nossas, é o que gera o sentimento de estranheza em relação à composição de um mito egípcio, por exemplo, repleto de variações, protagonizado por divindades as mais diversas e no qual encontramos abstrações muitas vezes ininteligíveis para nós. Os egípcios acreditavam, por exemplo, que uma pessoa, quando morria, passaria a eternidade acompanhando o deus Rá (o Sol) em uma barca pelos céus, enfrentando perigos durante a noite, os quais, se não fossem vencidos, poderiam até mesmo comprometer a continuidade do mundo, pois, se Rá fosse atingido, o Sol poderia não nascer no dia seguinte ou, literalmente, cair sobre as suas cabeças. Isso não deve ser compreendido como "loucura", "invenção" ou como um aspecto de um pensamento primitivo, mas, sim, como uma forma de compreender o mundo no qual os movimentos cíclicos, como o nascer e o pôr do sol eram vitais à sobrevivência desse povo. Longe de ser um estágio primitivo do desenvolvimento do pensamento religioso, os mitos antigos comportavam uma riqueza e uma complexidade de pensamento bastante grandes.

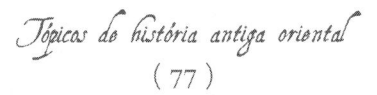

Ao historiador é necessária muita cautela no momento de analisar o objeto religioso, para que não corra o risco de cometer o seu pior pecado: o anacronismo. É o que acontece quando partimos de um conceito e de sua significação no mundo contemporâneo e o aplicamos a sociedades de outras épocas, sem nos atermos às especificidades de cada caso. É o caso, por exemplo, dos conceitos de religião, família, indivíduo que, dependendo das particularidades de uma dada sociedade, adquirem sentidos muito diversos dos nossos. Isso não significa, todavia, que devamos rejeitar esses conceitos no momento de estudar outras sociedades, afinal, são esses os instrumentos de análise de que dispomos; é preciso, sim, entender que tais conceitos não são "a-históricos", mas, sim, condicionados a circunstâncias históricas e culturais.

Para o estudo particular das religiões existentes no Antigo Oriente Próximo, é preciso entender que religiões como a egípcia e a mesopotâmica comportam uma série de preceitos éticos, filosóficos, científicos e de diversas outras ordens que acabam por tornar o moderno conceito de religião insuficiente quando aplicados a essas realidades. É o que explica, por exemplo, Alfondo di Nola:

> *Quando se usa o termo, evoca-se um conceito que pertence essencialmente ao mundo cultural cristão ocidental e que, devido à particular evolução dos fatos religiosos ocidentais, pressupõe pelo menos duas componentes: a) uma nítida separação dos chamados "fatos religiosos e sagrados" dos fatos denominados "não religiosos, laicos e profanos"; b) uma estrutura ideológica mítica e ritual organizada que é regida por leis autônomas e que, embora inserida na realidade profana e laica, estabelece com ela um conflito dialético e tem fins diversos dos dela. A arbitrariedade da extensão do termo está na pretensão, declarada ou tácita, de individualizar em outras realidades culturais os mesmos elementos distintivos que pertencem ao mundo ocidental cristão no qual a noção se formou. Porém, à semelhança da noção de sagrado, a nossa noção de religião está viciada por um quadro cultural de origem e revela-se como inadequada de cada vez que enfrenta o inquérito a áreas não ocidentais ou não ocidentalizadas.*
> (Religião, 1987, p. 107)

Ainda levando em conta os ensinamentos de di Nola (Religião, 1987), podemos notar que a distinção entre sagrado e profano em sociedades como as do Antigo Oriente Próximo não se justifica, pois nelas não há uma divisão clara entre atividades laicas, ou profanas, e atividades sagradas, como se o homem vivesse em uma espécie de "imersão no sagrado". Justamente em virtude da inexistência dessa distinção, pelo menos tal qual ela se apresenta para nós hoje, não é possível entender o campo religioso no Egito Antigo ou na Mesopotâmia como regido por leis autônomas, já que ele não existe dessa forma, impossibilitando que se faça sua separação da esfera política, social, cultural, econômica etc.

Outro elemento bastante interessante que devemos observar a partir do estudo das manifestações religiosas de algumas sociedades da Antiguidade é o seu caráter politeísta. Politeísmo significa, *grosso modo*, a crença em vários deuses, em oposição ao monoteísmo, que pressupõe a crença em um deus único. Contudo, muitos estudiosos apontam para o cuidado a ser tomado com essa dicotomização entre politeísmo e monoteísmo e mostram a existência de situações intermediárias entre esses dois conceitos. Muitas vezes fica difícil "encaixar" certas manifestações religiosas em uma das pontas desse binômio. Um exemplo pode ser encontrado no Egito Antigo da época do faraó Akhenaton. Nesse momento da história egípcia, houve o que se costuma classificar com uma revolução religiosa já que, durante o seu reinado, Akhenaton baniu todos os deuses do panteão egípcio restando apenas o culto a uma única divindade, o disco solar Aton. Ora, trata-se, então, de um monoteísmo dentro de uma sociedade politeísta? Há aqueles que dizem que sim, enquanto outros buscam no conceito de monolatria a explicação para o fato. Mas o que é monolatria[n]? Como explicar, por outro lado, o fato de Akhenaton e sua esposa Nefertiti serem representados como deuses de carne e osso? As perguntas não param por aí, e é por isso que devemos ficar atentos quando nos deparamos com cisões e oposições tão enfáticas, que desprezam a existência de situações intermediárias entre si.

(3.2)
A RELIGIÃO EGÍPCIA

Até pouco tempo era recorrente a afirmação de que os egípcios eram um povo obcecado com a morte, já que a maioria dos registros que chegaram até nós é proveniente de material funerário. Essa afirmação, contudo, é simplista demais, uma vez que despreza os esforços empreendidos pelos egípcios na vida como um todo. É certo que os egípcios davam grande importância ao problema da vida após a morte, tendo construído suas moradas para a eternidade de um material bastante duradouro, com o intuito de que perdurassem mesmo para sempre. Mas há outros aspectos bem desenvolvidos da religião egípcia, e não apenas a crença na imortalidade. Podemos analisar a religião egípcia à luz de pelo menos três manifestações: a templária, a funerária e a popular.

A reconstituição da religião egípcia é por vezes difícil, já que inexistia uma espécie de código religioso que compilasse seus preceitos como é o caso, por exemplo, da Bíblia para os cristãos. Havia sim, um corpo de doutrina mais ou menos comum a todo o território, fruto de tentativas de unificação cultural e da criação de uma "religião nacional", mas o que possuímos mesmo são mitos e fragmentos de mitos repletos de variações e de diferentes versões sobre um mesmo assunto que são, para nós, muitas vezes contraditórias. Isso torna o entendimento da religião egípcia bastante delicado e difícil, situação agravada pelo fato de se tratar de uma forma de pensar muito distante de nós no tempo.

As fontes de que dispomos para reconstruir o pensamento religioso egípcio são bastante diversas. Relevos pintados em tumbas e nos templos são, por exemplo, ricas fontes de estudo, da mesma forma que narrativas literárias, em grande parte inspiradas em mitos divinos. Algumas grandes compilações de textos funerários, como os *Textos das Pirâmides*, *Textos dos Sarcófagos* e *Livro dos Mortos* são extremamente importantes para nos auxiliar a compreender a evolução do pensamento religioso em vários momentos da história egípcia.

Conforme já vimos, os egípcios desenvolveram concepções religiosas bastante complexas, tanto no que se refere à vida terrena quanto no que se refere à crença na imortalidade. O pensamento religioso egípcio é bastante pautado na observação da natureza, a exemplo dos movimentos cíclicos diários – como o nascer e o pôr do sol – e dos movimentos sazonais, como as cheias do Rio Nilo. É por isso que podemos entender por que muitos de seus deuses eram representados na forma antropozoomórfica, ou seja, uma mistura de homem e animal, como o deus Hórus, que possuía corpo humano e cabeça de falcão.

Os deuses egípcios funcionavam como personificação de conceitos. Isso significa dizer que, para os egípcios, o mundo funcionava como uma espécie de rede, na qual havia vários pontos interligados formando um conjunto. Cada ponto representava um elemento que, nessa sociedade, era considerado vital à sua sobrevivência e à sua continuidade como, por exemplo, as cheias do Nilo. Esses conceitos eram, por sua vez, personificados na forma de deuses, como é o caso de Hapi, o deus das cheias. O conjunto ou a rede formada pela coexistência harmônica de todos esses elementos era chamada pelos egípcios de *maat*, a ordem e a justiça, que também possuía um correspondente na forma divina, uma deusa homônima que era representada com uma pluma na cabeça.

Esse estado de ordem era, contudo, frágil e impermanente e deveria ser constantemente assegurado através da realização de rituais nos templos, presididos pelo faraó em pessoa ou, quando isso não era possível, por sacerdotes do alto escalão. Do contrário, o universo sucumbiria às forças do caos. Vimos que, segundo o pensamento egípcio, o mundo era mantido por um frágil equilíbrio, no qual prevalecia a ordem, também conhecida como *maat*. Mas o caos, chamado pelos egípcios de *isfet*, estava sempre ameaçando a continuidade do mundo e por isso mesmo deveria ser constantemente combatido.

Para os egípcios antigos, o momento máximo da perfeição do mundo ocorreu no momento da sua criação, razão pela qual os mitos cosmogônicos adquiriram importância religiosa central. Não havia um único mito de criação do universo existente no Egito. Cidades como Mênfis, Hermópolis e Heliópolis tinham cada qual a sua versão da origem das coisas e, tendo em vista a sua importância política, chegaram a influenciar outras regiões com a sua tradição. A maioria das versões sobre a criação parte da existência de um demiurgo criador, que vivia solitário imerso em Nun, as águas primordiais, das quais teria criado todas as coisas. Outro elemento bastante importante presente na cosmogonia egípcia é a colina primordial, a qual teria emergido do Nun, e esse quadro em muito alude ao fenômeno das cheias do Nilo já que, após baixarem as águas, as terras "emergiam", simbolizando a fertilidade e a regeneração.

No Egito, os templos eram os locais por excelência de realização de rituais aos deuses. O objetivo central dos cultos e rituais realizados dentro dos templos era reanimar o poder da criação, inibindo o caos e renovando a ordem cósmica que os egípcios tanto prezavam. A arquitetura templária foi pensada pelos egípcios como um microcosmos, ou seja, naquele espaço estava também representado o mundo, com todos os seus elementos principais, em miniatura.

Os templos eram também importantes instituições estatais, e por isso podemos dizer que a religião produzida pelos sacerdotes era também a religião oficial. Primar pela continuidade do *status quo* seria primar também pela continuidade da existência das hierarquias estabelecidas, a exemplo da obediência à monarquia faraônica. O faraó, ele mesmo um deus, era o responsável por manter *maat* na terra; logo, esse princípio assegurararia também a coesão social, por propiciar o consenso sobre o seu cajado, conforme apontado pelo egiptólogo Claude Traunecker.

A entrada nos templos não era permitida às pessoas comuns, a não ser em épocas específicas e em compartimentos também específicos. Isso acontecia porque os templos eram a morada dos deuses e pertenciam, portanto, ao âmbito do divino, construídos em terrenos sagrados geralmente separados do mundo comum por grandes muralhas. Os fiéis poderiam ter contato com os deuses durante os festivais anuais, nos quais as suas estátuas eram levadas para fora de suas moradas em procissão. Contudo, mesmo assim as divindades ficavam fora do alcance dos olhos das pessoas comuns, pois saíam geralmente encobertas. Somente sacerdotes e pessoas especializadas poderiam ter acesso direto a um deus, o que requeria a observância de certas normas de pureza física e ritual. Aos sacerdotes não era permitido, por exemplo, comer carne de porco, considerado um animal impuro. Os rituais realizados dentro dos templos consistiam, basicamente, em adorar e realizar oferendas às divindades, ali encarnadas em estátuas fabricadas com materiais da mais alta qualidade.

Um papiro atualmente situado em Berlim (Papiro de Berlim 3055) mostra, por exemplo, os rituais realizados em honra do deus Amon no templo de Karnak, na cidade de Tebas. Nele, há uma longa lista do que deveria ser feito nos cultos diários à divindade, acompanhada dos hinos e das fórmulas litúrgicas que deveriam ser recitados a cada ato. Em um primeiro momento, havia a preparação do culto, que consistia, entre outras coisas, em acender uma chama e um incenso para purificar o ambiente. A isso se seguia a abertura do santuário em que se encontrava a estátua do deus, o que seguia certas normas previamente estabelecidas. Havia uma forma correta de quebrar, por exemplo, o lacre que selava a porta do santuário. Uma vez aberto o santuário, o sacerdote ficava frente a frente com a divindade, à qual deveria, então, prestar adoração, e cada ato, como beijar o chão ou se prostrar diante do deus, exigia a recitação de uma fórmula mágica específica. A divindade deveria então, ser ungida e incensada, vestida, adornada e maquiada. No encerramento do ritual, eram feitas libações ao deus e realizados atos de purificação, aspergindo elementos como incenso, leite e natrão[m].

Fora dos templos e do âmbito da religião oficial fica difícil saber de que maneira as pessoas comuns se relacionavam com os deuses e percebiam a religião que lhes era imposta. Essa dificuldade surge do fato de que a maioria da população egípcia era analfabeta, e a esmagadora maioria dos documentos que chegaram até nós são provenientes da visão da elite sobre a sociedade. Sabemos, por exemplo, que durante os festivais era permitido às pessoas em geral consultar o oráculo dos deuses para buscar respostas às suas angústias pessoais, uma das raras oportunidades que os egípcios tinham de ficar frente a frente com a divindade. Um elemento bastante importante da religião popular eram os amuletos apotropaicos, ou seja, que ofereciam proteção. Um amuleto bastante popular era o Olho de Hórus, que, segundo a mitologia, teria sido arrancado de Hórus em uma disputa com seu tio, o deus Seth, e mais tarde oferecido a seu pai, Osíris, como símbolo de ressurreição. Existem registros de que pessoas comuns depositavam ex-votos aos deuses, espécies de oferendas para a concessão de algum pedido. No Bubasteion, o templo da deusa Bastet na cidade de Bubástis, foram encontradas inúmeras múmias de gatos oferecidas como ex-votos, já que esse animal era a forma pela qual Bastet era representada.

Passaremos, agora, à compreensão de um importante elemento da religião egípcia: o seu pensamento acerca da morte.

Em primeiro lugar, é preciso compreender que a morte, para os egípcios antigos, representava algo necessário para que se pudesse atingir um novo nível de existência. Contudo, ela representava também uma ruptura, a qual traria consequências para o mundo dos vivos, como a questão da herança e da gestão do patrimônio, por exemplo. A morte era uma passagem que, como para nós, não era feita sem dor para os que ficavam e gerava, também, sentimentos de medo e recusa. Por essa razão, os egípcios utilizavam eufemismos para se referirem a ela.

Não havia, nessa sociedade, uma separação entre o mundo dos vivos e o mundo dos mortos – tantos este quanto aquele faziam parte de uma mesma comunidade. Os mortos não eram excluídos da sociedade e poderiam, até mesmo, intervir em questões dos vivos, a pedido deles próprios, conforme observamos através das cartas que os egípcios escreviam a seus falecidos.

Diferentemente da concepção judaico-cristã, os egípcios não viam o ser através de uma dualidade entre corpo e alma. Havia, antes, uma pluralidade de aspectos corpóreos e não corpóreos que, em conjunto, formavam um indivíduo. Entre os elementos que compunham o ser estavam o *ka*, o *ba*, o corpo, a sombra, o nome e o coração. Para entendermos melhor as concepções egípcias sobre a morte, devemos compreender, especialmente, o significado do *ka* e do *ba*, que são os elementos não corpóreos.

O *ba* é o elemento principal da personalidade de um egípcio e pode ser compreendido como a junção de todos aqueles elementos que fazem de uma pessoa "única" ou a maneira pela qual uma pessoa se faz conhecer. O *ba* pode, ainda, ser traduzido como "princípio de mobilidade", pois é ele quem permite ao morto transitar em sua viagem pelos céus. O *ba* poderia sair da tumba durante o dia, visitar os vivos, mas deveria retornar ao corpo, seu receptáculo, durante a noite.

O *ka* é a "força vital" de um indivíduo ou o "princípio de sustento". Ao *ka* do morto deveriam ser apresentadas oferendas constantemente para que esta força vital não se esvaísse. O *ka* acompanhava uma pessoa desde o seu nascimento, fazendo parte de seu corpo durante a vida, mas se separava dele no momento da morte.

Como sabemos, a morte de uma pessoa cessa as suas faculdades físicas e mentais. Os egípcios acreditavam que era possível reverter esse quadro realizando certos rituais mágicos, como o Ritual da Abertura da Boca. Nesse ritual um sacerdote se posicionava atrás do corpo mumificado, usando a máscara de uma importante divindade funerária, o deus Anúbis. Em frente à múmia, mulheres representavam carpideiras, que eram contratadas para chorar durante os enterros. Atrás delas, sacerdotes que portavam instrumentos rituais tocavam a boca do morto para que, com esse gesto, fossem restauradas as suas faculdades físicas, como a fala. Por último, um sacerdote fazia libações.

Após a morte, o indivíduo fazia a sua jornada para o seu *ka*. Como o corpo permanecia na tumba, era o *ba* quem fazia essa viagem, a qual era repleta de perigos que deveriam ser vencidos, primeiramente, com a ajuda dos vivos e, posteriormente, pelo falecido sozinho. A preservação do corpo era importante na medida em que ele servia como um receptáculo para o *ba*, que ia visitá-lo na tumba. Era no ritual de mumificação, portanto, que começavam os preparativos para uma boa morte, uma vez que seu objetivo era transformar o corpo em algo eterno.

Apesar das crenças funerárias egípcias terem variado ao longo do tempo, o elemento comum e mais importante de todas as concepções era que o morto pudesse chegar ao seu estado transfigurado, que era chamado de *akh*. Essa condição só poderia ser atingida após a morte e, para o sucesso nessa empreitada, alguns textos funerários forneciam ajuda essencial – é o caso dos *Textos das Pirâmides*, no Reino Antigo, dos *Textos dos Sarcófagos*, no Reino Médio, e do *Livro dos Mortos*, no Reino Novo. Era da união do *ka* e do *ba*, após o sucesso da viagem pelos céus, que surgia a nova forma transfigurada. A travessia do *ba* pelo cosmos ao encontro de seu *ka* era associada ao ciclo solar e o horizonte, chamado de *akhet*, era onde se dava a transfiguração.

A vida após a morte representava a integração do falecido aos padrões cíclicos da natureza. Rá e Osíris eram as principais divindades funerárias justamente por estarem associadas aos ciclos regenerativos naturais – o primeiro era associado ao sol, que nascia e morria todos os dias, possuindo também outras formas como Khepri, o sol da manhã, e Atum, o sol vespertino, enquanto o segundo simbolizava a revitalização da natureza através das cheias do Nilo e do crescimento da vegetação.

A vida após a morte era vista como uma continuidade da vida terrena, por isso observamos a colocação de pertences na tumba, os quais – acreditava-se – seriam utilizados pelo morto em sua nova existência. Da mesma forma que os vivos, os mortos precisavam se alimentar, daí a necessidade de construir uma capela de oferendas, na qual seriam realizados rituais e depositadas oferendas de alimentos para o *ka* do morto.

O destino do falecido variou muito ao longo da história egípcia. No Reino Antigo, somente o rei poderia se tornar um ser imortal, e o seu destino era se juntar aos deuses nos céus e viver acompanhando Rá, o sol, em uma barca. A ascensão do rei aos céus poderia ser feita das mais variadas formas possíveis, como consta nos *Textos das Pirâmides*, que eram esculpidos nas paredes das pirâmides régias durante o Reino Antigo. Poder-se-ia, por exemplo, esperar subir aos céus nos ombros da deusa Shu, que representava o firmamento, ou então através de uma escada que levaria até os céus. No Reino Médio, desenvolveu-se a noção de um mundo dos mortos no Reino de Osíris, que começou a ser caracterizado de forma mais clara nos *Textos dos Sarcófagos* (assim chamados por serem escritos no interior de sarcófagos de indivíduos proeminentes) e que atingiu sua máxima expressão no *Livro dos Mortos*, durante o Reino Novo. Nesse período, acreditava-se que o morto passaria por um julgamento presidido pelo deus Osíris. Ao chegar no outro mundo o seu coração seria colocado em uma balança ao lado da pluma da deusa Maat, que representava a ordem e a justiça. Caso o coração do morto pesasse mais que a pena de Maat isso significaria que ele não havia feito coisas boas durante a vida terrena e, portanto, não poderia desfrutar da vida após a morte. Seu coração seria, então, devorado pelo monstro Ammit, e o indivíduo, banido de toda e qualquer existência posterior.

(3.3)
A RELIGIÃO MESOPOTÂMICA

Por se tratar de um território no qual coabitaram povos das mais variadas origens, na Mesopotâmia encontramos diversas manifestações religiosas. Alguns estudiosos, contudo, ao estudar a religião mesopotâmica, preferem não se centrar na diversidade existente, mas, sim, nos elementos comuns que se estabeleceram ao longo do tempo. Para essas pessoas, os mitos, na Mesopotâmia, eram grandes forças unificadoras que, junto ao panteão de divindades, auxiliavam na união das cidades-Estados e de todo o Vale do Tigre e do Eufrates.

Buscando desvelar um pano de fundo religioso que fosse, de certa forma, comum a todas as sociedades da Mesopotâmia, pesquisadores verificaram que o modelo religioso básico na região é de origem suméria. Cada cultura, por sua vez, encarregou-se de reelaborar esse modelo segundo características próprias.

Assim como no Egito, muitos deuses mesopotâmicos eram a personificação de forças naturais (como Gibil, que era o fogo deificado). Contudo, as divindades não eram representadas na forma de animais, mas apenas em forma antropomórfica, e era comum que grandes homens do passado como Gilgamesh, protagonista de uma grande epopeia, fossem alçados à condição de heróis ou deuses. Cardoso (1999) observa que as representações na forma humana demonstram um traço abstrato e generalizante que corresponde à personalidade pouco definida dos deuses da Mesopotâmia. O contrário ocorre com as divindades representadas na forma de animais, como no caso egípcio, que refletem a existência de concepções religiosas mais individualizantes e multiplicadoras.

Os mesopotâmicos imaginavam seus deuses como sendo muito maiores que os homens, tanto em tamanho como em poder, mas também sujeitos a fraquezas e paixões tipicamente humanas. Os deuses eram considerados os reais governantes da comunidade, e todo elemento divino, acreditava-se, emitia uma luz especial, chamada de *melam*, que provocava reações de terror nos fiéis. Os mesopotâmicos chamavam essas reações de *ni*.

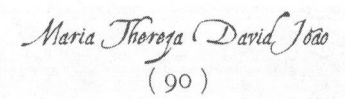

Muitas vezes, os deuses eram mencionados não individualmente, mas como coletividades. É o caso dos deuses celestes, chamados de *igigi*, e dos deuses do mundo subterrâneo, chamados *anunnaki*. Os deuses, na Mesopotâmia, eram hierarquizados de acordo com o seu poder, e é possível saber muito sobre a estrutura do panteão mesopotâmico através de listas de deuses que foram escritas no passado e chegaram até nós, as quais trazem, inclusive, informações sobre a genealogia das divindades, permitindo que possamos traçar laços de parentesco entre elas. Era comum organizar os deuses na forma de tríades, algumas consideradas mais importantes que outras, como a tríade cósmica de Anu (o céu), Enlil (o ar) e Enki (a água), e a tríade astral de Nanna (a lua), Utu (o sol) e Inanna (a estrela, também conhecida como *Ishtar*). Alguns deuses tutelares de cidades importantes, como a Babilônia, poderiam ganhar projeção além do seu território, bem como usurpar funções de deuses considerados mais importantes. É o caso do deus babilônico Marduk, que se acabou por substituir o poderoso deus Enlil.

Enlil, senhor da cidade de Nippur, era considerado também o senhor dos destinos, abarcando elementos relacionados à realeza, e um deus que frequentemente punia a humanidade. É o caso narrado, por exemplo, no texto do *Dilúvio sumério*. Segundo essa narrativa os homens, que foram criados para servirem e obedecerem aos deuses, após um tempo começaram a se rebelar, recusando-se a trabalhar para Enlil. Essa rebelião se repetiu por três vezes e, como retaliação, o deus mandou um dilúvio para a Terra, com a intenção de destruir toda a humanidade. Isso só não foi possível porque outro deus, Enki, conseguiu salvar um homem, Atrahases, e sua família da fúria das águas. Dada a semelhança desse relato com a passagem bíblica do dilúvio, muitos estudos procuram avaliar as influências entre esse texto e a narrativa bíblica exposta no livro do Gêneses.

Era nos templos, chamados *E,* que estava centrada a vida religiosa das sociedades da Mesopotâmia. Assim como no Egito, os templos eram também separados do mundo "profano", cercados por muralhas e com acesso restrito à população em geral, a não ser em certas épocas do ano. A maioria dos atos realizados dentro dos templos era feita em segredo, razão pela qual podemos nos referir à religião templária mesopotâmica como sendo uma religião de caráter esotérico.

Segundo a literatura acadiana, o sacerdócio teria sido um presente dos deuses à humanidade, a qual deveria, portanto, servi-los. Havia um corpo de sacerdotes a serviço dos deuses, mas é bom lembrar que essas pessoas não desempenhavam funções exclusivamente religiosas, já que o templo era também um local em que se davam importantes atividades econômicas. Estando a serviço dos deuses, os sacerdotes deveriam, além de prestar adoração às divindades, lavá-las, alimentá-las e vesti-las, pois acreditava-se que a estátua do deus existente dentro do templo não era meramente um símbolo da divindade, mas um próprio ser vivente. Havia sacerdotes especializados nas mais diversas atividades, como a medicina, a arte divinatória e a música, e essas pessoas deveriam observar, como os egípcios, importantes normas ligadas à pureza física e espiritual. Aqueles que tivessem mau hálito, por exemplo, eram excluídos. A arte divinatória conheceu grande expressão na Mesopotâmia, e seu objetivo central era descrever e ordenar o mundo, para que através de tentativas de controle de eventos possíveis se pudesse, também, agir de uma melhor forma sobre a realidade.

Um dos festivais mais importantes na Mesopotâmia era o festival do ano-novo, no qual se celebrava a renovação, a promessa de fertilidade e a renovação dos ciclos das estações da natureza.

Dentro do território do templo encontravam-se edifícios menores, que podem ter dado origem aos famosos *ziggurats* mesopotâmicos. O *ziggurat* era uma espécie de torre piramidal que continha, em seu topo, um santuário. Ainda não se tem certeza acerca do objetivo com o qual foram construídos esses grandes monumentos, que poderiam estar tanto no território sagrado dos templos como, posteriormente, fora dele. Acredita-se que funcionassem como uma escada que uniria céu e terra, pela qual os deuses poderiam descer e visitar a humanidade.

O mundo, segundo a mitologia, era governado por leis divinas, chamadas de *mes*, que teriam mantido o universo desde o seu início. A lista de *mes* é extensa, mas, para dar um exemplo de algumas dessas leis divinas, podemos citar a monarquia, *lumah* (que era o ofício sacerdotal), a verdade, a música e assim por diante.

Com relação à criação do universo, uma tradição diz que, no início, existiam as águas primevas, que continham potencialmente em si *an-ki* (céu-terra). Os mesopotâmicos concebiam, também, a existência da atmosfera (*lil*), que teria formado os astros e os enchido com luminosidade. *An-ki* teriam sido, então, separados pela força do ar e pela separação foi possível existir vida na Terra.

Um dos mais antigos épicos da criação está no texto babilônico do *Enuma Elish*, que significa "quando no alto". Segundo esse relato, o deus da cidade de Babilônia, Marduk, enfrenta as forças do caos, chefiados pela deusa Tiamat. Após vencer Tiamat, Marduk foi coroado chefe dos deuses e do corpo desmembrado de Tiamat criou o mundo. É interessante observar que, nesse momento, Marduk é exaltado, muito provavelmente em função da importância política de sua cidade, a Babilônia. Vemos, porém, no mito de Erra e Issum, uma narrativa acerca do caos babilônico, na qual a figura de Marduk é diminuída, sendo provavelmente coincidente a um período de declínio babilônico.

O mesmo relato de Enuma Elish conta como a humanidade foi criada. Após a morte e o desmembramento do corpo de Tiamat, o deus Enki, a pedido de Marduk, modelou os homens a partir do sangue da deusa, misturado com argila. A criação da humanidade, segundo a mitologia, deu-se com o único propósito de que os homens pudessem servir os deuses, mantendo seus templos e propriedades e venerando-os. Eram os deuses que controlavam o destino de todos os indivíduos, e cada pessoa, ao nascer, era associada a uma divindade, a qual lhe oferecia proteção. Essa proteção não cessaria nem mesmo após a morte, já que o deus pessoal de cada indivíduo iria ao seu auxílio no momento do julgamento dos mortos. Eventos traumáticos como perdas, doenças e sofrimentos de vários tipos eram atribuídos, entre outros fatores, ao fato de o deus "padrinho" ter se afastado da pessoa acometida por tais males. Infortúnios poderiam ser, igualmente, obras de demônios, figuras bastante presentes no imaginário mesopotâmico.

Diferentemente dos egípcios, os mesopotâmicos viam a morte com certo pessimismo. Enquanto aqueles viam a vida após a morte como um local de abundante fertilidade, estes tinham uma visão do além como uma versão empobrecida da vida terrena, na qual seriam condenados a viver na escuridão, cobertos de penas e aves e se alimentando de argila. A morte era a terra do "não retorno", repleta de escuridão e poeira, conforme podemos observar em um trecho retirado de um texto mítico, que relata a descida da deusa Ishtar ao mundo subterrâneo: "Para a casa escura [...] para a casa na qual os que entram não podem sair [...] na qual poeira é seu alimento, argila seu pão [...] Eles não veem luz, eles vivem na escuridão" (Johnston, 2004, p. 478).

A visão do mundo dos mortos, para os mesopotâmicos, era a de um lugar oposto ao da civilização, no qual faltavam as coisas necessárias à vida. Na *Epopeia de Gilgamesh*, temos uma passagem que diz que "quando os deuses criaram a humanidade, dispensaram morte a ela" o que significa que, da mesma forma que os deuses haviam dado vida aos homens, deram também a morte.

A terra dos mortos era chamada *Kur*, governada por um rei de nome Nergal e por sua esposa Ereshkigal, os quais constantemente desejavam aumentar o número de seus súditos. É por essa razão que esse casal era muitas vezes associado a epidemias e a mortes prematuras, as quais eram vistas como tentativas de Nergal de aumentar o seu séquito. Segundo uma tradição, a terra de Kur poderia ser atingida por um portal existente na cidade de Uruk. Acreditava-se que Kur era guardada por sete portões e por sete guardiões e, para se chegar até ela, dever-se-ia antes passar por um rio de águas escuras e perigosas. Devemos ter cuidado e perceber que a ideia que os mesopotâmicos faziam da morte variou ao longo do tempo. O outro mundo era visto como um ambiente urbano, e mudanças nessas concepções seguem, por sua vez, o próprio desenvolvimento urbano, político e social do território da Mesopotâmia.

Uma analogia importante feita pelos mesopotâmicos com relação à morte era a da raiz e da semente, símbolos, para eles, da permanência. Uma das maiores abominações era o fato de o corpo não ser enterrado, pois era na tumba que se iniciava a passagem para o outro mundo. Da mesma forma que o morto insepulto, aqueles que tivessem seus ritos mortuários interrompidos ou negligenciados eram condenados a viver como espíritos errantes, que espalhariam o mal por toda a terra dos vivos.

Síntese

Neste capítulo estudamos algumas das principais manifestações religiosas egípcias e mesopotâmicas. Vimos que o fenômeno religioso, nessas sociedades, possuía características muito diversas daquelas presentes na maioria das religiões atuais, o que torna, muitas vezes, a sua compreensão um tanto quanto complicada para nós.

Aprendemos que, no Egito, uma das principais manifestações religiosas era a funerária, e é majoritariamente através dos registros mortuários que podemos conhecer vários aspectos da religião e da vida nessa sociedade, os quais não se restringem apenas a temas relacionados à morte já que, tanto no Egito quanto na Mesopotâmia, as concepções sobre o pós-morte eram vistas em termos de continuidade da vida terrena, embora de maneira pessimista nesta última.

Tanto no Egito quanto na Mesopotâmia, a religião ocupava um papel central, impossibilitando que seja feita uma distinção das demais esferas da sociedade. Os templos, centros da vida religiosa, eram também importantes instituições políticas e econômicas.

Estudamos, neste capítulo, que devemos ter cautela no momento de afirmar se uma sociedade é politeísta ou monoteísta, sob pena de estarmos desprezando a existência de estruturas religiosas intermediárias.

INDICAÇÕES CULTURAIS

ACADEMY FOR ANCIENT TEXTS. Disponível em: <http://www.ancienttexts.org/library/mesopotamian/index.html>. Acesso em: 05 out. 2009.

Site *em inglês contendo a tradução de textos mitológicos mesopotâmicos, como o Enuma Elish e a Epopeia de Gilgamesh.*

EGITO: em busca da eternidade. Produção: National Geographic. Estados Unidos, 1983. 60 min.

Documentário que trata das práticas mortuárias egípcias.

NILO, o rio dos deuses. Produção: Discovery Channel. Estados Unidos, 1994. 100 min.

Esse documentário demonstra, de forma bastante didática, aspectos da visão de mundo egípcia.

ATIVIDADES DE AUTOAVALIAÇÃO

1) Sobre a religião no Antigo Oriente Próximo, assinale (F) para falso e (V) para verdadeiro:

( ) *Politeísmo* é um termo errôneo para se referir às características religiosas do Antigo Oriente Próximo, sendo mais correto afirmar que se tratava de sociedades monoteístas.

( ) O termo *religião*, quando aplicado às sociedades próximo-orientais, pode ser insuficiente para explicar de maneira correta todos os princípios relacionados às manifestações religiosas destas sociedades.

( ) Tanto a mitologia egípcia quanto a mesopotâmica não possuem base alguma e são apenas invenções desses povos em sua tentativa de explicar o mundo.

( ) Egípcios e mesopotâmicos possuíam visões de mundo bastante parecidas, e um exemplo se encontra na ideia que ambos faziam da morte.

2) Leia as afirmativas a seguir e assinale (F) para falso e (V) para verdadeiro:

( ) No Egito, os deuses poderiam ter tanto a forma de homens como de animais, e o centro da vida religiosa se encontrava no templo.

( ) Na Mesopotâmia, os deuses, muitas vezes, personificavam forças naturais, e é comum os encontrarmos ordenados em tríades representando aspectos do mundo que os circundava.

( ) No Egito e na Mesopotâmia, pessoas comuns nunca possuíam a chance de entrar nos templos nem mesmo de ter contato com as suas divindades.

( ) As concepções religiosas egípcias, como aquelas relacionadas à vida após a morte, eram bastante influenciadas pela observação dos fenômenos naturais, como o nascer e o pôr do sol, metáforas de vida, morte e ressurreição.

3) Leia as alternativas a seguir e depois assinale a opção correta:

I. As concepções sobre a vida após a morte, tanto no Egito quanto na Mesopotâmia, sofreram variações ao longo do tempo, as quais acompanhavam o movimento da própria sociedade.

II. De acordo com a visão de mundo mesopotâmica, o mundo era governado por uma rede de forças chamada *mes*, que significava ordem, equilíbrio, verdade e justiça.

III. Havia, na Mesopotâmia, uma separação clara entre sagrado e profano, prova disso é a existência dos templos em separado do restante da comunidade.

a) Nenhuma alternativa é correta.
b) Somente a alternativa I é incorreta.
c) Somente a alternativa II é incorreta.
d) Somente a alternativa III é incorreta.

4) Leia o texto a seguir e assinale a opção incorreta:

> *Eles [os mitos e os atos mágicos] ajudam a tornar mais suportável a incerteza das situações que as pessoas são incapazes de controlar. Protegem-nas de uma consciência plena de perigos diante dos quais elas são impotentes. Servem como armas de defesa e ataque em seus conflitos umas com as outras. Tornam as sociedades mais coesas e dão a seus membros uma sensação de poder sobre os acontecimentos sobre os quais, na realidade, frequentemente exercem pouco controle.*

Fonte: Elias, 1994, p. 73.

a) O texto de Norbert Elias ajuda a confirmar duas das principais finalidades da religião: a de manter uma comunidade unida e a de oferecer respostar a angústias pessoais e com relação ao mundo.

b) A arte divinatória, bastante desenvolvida na Mesopotâmia, faz parte de um esforço de se entender o mundo e certos acontecimentos, por conseguinte, controlá-los, muito embora, como diz Elias, as pessoas exercessem, na realidade, pouco poder sobre eles.

c) A existência de uma religião no Egito Antigo centrada na figura do faraó era um importante elemento na manutenção da unidade política nesta sociedade, que em muito se relaciona ao elemento de coesão apontado por Norbert Elias.

d) Elias, em seu texto, afirma que a existência de uma religião bem estruturada (como aquela existente nas sociedades do antigo oriente próximo) era fator suficiente para evitar que as pessoas em geral não padecessem com os infortúnios decorrentes de acontecimentos que não se pode controlar.

5) Leia o texto e responda:

> Os egípcios acreditavam que uma outra forma de continuar a viver, mesmo após a morte, seria existir nas crianças que estavam por vir. A importância de ser recordado era extremamente importante, uma vez que, enquanto uma pessoa fosse lembrada, ela existiria, o mesmo não ocorrendo com o seu esquecimento.

Fonte: João, 2008.

a) O trecho em destaque aponta que a única forma de pós-morte que poderia ser alcançada pelos egípcios era existir nas crianças que estavam por vir.

b) O trecho em destaque aponta uma preocupação extremamente presente no pensamento egípcio sobre a morte: a manutenção dos laços sociais construídos durante a vida.

c) O trecho em destaque aponta para o fato de que, se os vivos esquecessem de um antepassado morto, isso não traria prejuízos a sua existência pós-terrena.

d) O trecho em destaque aponta para outra forma de existência após a morte, que seria existir nas crianças que estavam por vir. Essa forma de permanência, contudo, era a mais inferior de todas.

Atividades de aprendizagem

Questões para reflexão

1) O texto retirado do encantamento 450 dos *Textos dos Sarcófagos* mostra a chegada do morto no Campo dos Juncos, um dos destinos possíveis no outro mundo. Leia-o atentamente e responda às questões:

> Eu vim aqui para vos saudar, senhores de possessões que estão na eternidade, que estão nos limites do infinito. Eu atraquei, meu bolo está assado, meu pão está em Pe, minha cerveja está em Dep, eu possuo oferendas, e minhas oferendas são pão e cerveja, vida, bem-estar, saúde e um caráter limpo, bem como sair em qualquer forma que eu desejar no Campo dos Juncos

> A Grande Enéade[I], que está no Campo dos Juncos, deverá dizer: Dê a ele um bolo-sns, um jarro de cerveja e uma porção de carne, e ele deverá comer disso, e ele não sairá para sempre.
>
> O Grande Tribunal, que está no Campo dos Juncos, deverá dizer: Dê a ele um pedaço de terra, com cevada de três cúbitos[II] de altura. Os Seguidores de Hórus deverão cortá-la para ele no primeiro ano, e ele deverá mascá-la e esfrega-la em seu corpo, e seu corpo será curado como os de todos eles.
>
> O Grande Tribunal, que está no Campo dos Juncos, deverá dizer: Deixe-o cantar e dançar e receber ornamentos, deixe-o jogar damas com aqueles que estão na terra, que sua voz seja ouvida mesmo que ele não possa ser visto; deixe-o ir até a sua casa e inspecionar seus filhos sempre e sempre.

Fonte: Tradução livre da autora de Barguet, 1986.

a) Segundo o texto, quais as características do Campo dos Juncos?

b) Com seus conhecimentos sobre o imaginário da morte na Mesopotâmia e no Egito, e com base no texto apresentado, escreva um texto relatando as diferenças entre uma e outra concepções sobre a vida no outro mundo.

I. Grande enéade: conjuntos de noves deuses da cidade de Heliópolis.

II. Cúbitos: unidade de medida usada pelos egípcios, corresponde a cerca de 52,3 cm,.

2) Leia o fragmento do encantamento 570 dos *Textos das Pirâmides* e resolva o exercício:

> **O rei se torna um com o deus sol**
> *Tua natureza está em mim, Rá. [...] Eu sou o representativo de Rá e eu não morro. Escuta, ó Geb, chefe dos deuses, e equipa-me com a minha forma [...] Que eu possa ascender no ocidente como Rá.*

Fonte: Tradução livre da autora de Faulkner, 1969.

a) A partir do encantamento e do que você estudou neste capítulo, desenvolva pequeno texto acerca da importância da associação do faraó morto ao deus sol, Rá.

Atividade aplicada: prática

1) Tendo em vista o que foi aprendido neste capítulo, escreva um pequeno texto contendo a descrição de alguma manifestação religiosa. Você pode criar um mito, escrever a descrição de algum ritual aos deuses, fazer uma narrativa a respeito da vida no outro mundo e assim por diante. Pesquise na internet e na bibliografia de apoio elementos que possam auxiliá-lo nessa tarefa.

Capítulo 4
A HISTÓRIA ANTIGA e as suas FONTES

Uma das grandes dificuldades do historiador da história antiga gira em torno, muitas vezes, da escassez de fontes históricas primárias. Como estudamos sociedades que existiram há milênios, a ação do tempo sobre os vestígios dessas sociedades torna-se algo muito prejudicial, já que muita coisa importante, feita de material pouco durável, desaparece para sempre. Isso quer dizer que é difícil, para nós, reconstruirmos sistematicamente um determinado período de tempo – haverá sempre lacunas a serem preenchidas, sobre as quais as fontes silenciam.

Todavia, reconstruir o passado em sua "verdade absoluta" é algo impossível de ser feito pelo historiador. Um importante estudioso de nossa área, Marc Bloch (2002), afirma que só podemos conhecer a história através de vestígios. Em sua obra *Apologia da história ou o ofício do historiador*, esse autor diz que nós, "os exploradores do passado", não somos completamente livres, porque o próprio passado é nosso tirano. Isso significa dizer que somente podemos obter do passado o que ele próprio nos fornece. Não é possível, por exemplo, reconstruir um levantamento de censo demográfico na Mesopotâmia em nenhum período, simplesmente porque não há fontes a esse respeito. E, para os mais diversos períodos da história do homem, sempre haverá lacunas a serem preenchidas.

Essa dificuldade, contudo, pode ser superada se levarmos em consideração a pluralidade de registros deixados pelo homem ao longo do tempo. Nós, historiadores, não devemos nos ater unicamente aos documentos escritos, mas perceber que há múltiplos testemunhos do passado com os quais devemos trabalhar. Bloch (2002, p. 79) aponta que "a diversidade dos testemunhos históricos é quase infinita. Tudo o que o homem diz ou escreve, tudo o que fabrica, tudo o que toca pode e deve informar sobre ele". Um exemplo é dos registros arqueológicos, com os quais trabalharemos neste capítulo, assim como os registros visuais, que em muito auxiliam na compreensão do funcionamento das sociedades que são nosso objeto de estudo. As fontes visuais são particularmente interessantes para o caso do Egito e da Mesopotâmia, já que eram importantes instrumentos de ação religiosa e política.

(4.1)
A ARQUEOLOGIA
E A CULTURA MATERIAL

Quem de nós já não sonhou, ao assistir as aventuras de Indiana Jones – o arqueólogo mais famoso dos cinemas –, em sair pelo mundo afora resolvendo enigmas, fazendo descobertas bombásticas e em viver seus dias repletos de adrenalina? Em princípio, é esta a ideia que temos do cotidiano de um arqueólogo: a de uma vida aventureira, sempre em busca de tesouros perdidos.

Para a decepção de muitos, talvez, essa visão é uma construção romantizada produzida pelos filmes sobre o trabalho arqueológico, que em muito pouco ou quase nada tem a ver com a realidade da arqueologia[1].

O que é, então, a arqueologia? É o que iremos estudar na primeira parte do nosso último capítulo, tendo em vista a importância dessa disciplina para o estudo da história antiga. Pedro Paulo Funari diz que "a arqueologia estuda, diretamente, a totalidade material apropriada pelas sociedades humanas, como parte de uma cultura total, material, sem limitações de caráter cronológico"(Funari, 2003, p. 15).

Dessa afirmação podemos tirar algumas conclusões. Em primeiro lugar, ao dizer que não há limitações de caráter cronológico para o estudo da arqueologia, Funari desconstrói uma visão falsa acerca dessa disciplina: a de que a arqueologia é o estudo de "coisas velhas". Não que a arqueologia não estude as antiguidades, ela as estuda, é claro, mas não é só isso. Um exemplo é o da arqueologia industrial, relacionada ao estudo da indústria seja do passado, seja do presente.

Retomando a citação de Funari, vemos que o autor fala em **totalidade material apropriada pelas sociedades humanas**. Isso significa dizer que o estudo da arqueologia não se restringe somente a artefatos e objetos, ou seja, a produtos do trabalho humano. Nessa totalidade, são incluídos também os chamados *ecofatos* – vestígios do meio ambiente – e os *biofatos* – vestígios de animais, desde que, contudo, estejam associados aos seres humanos ou, como diz Funari (2003), "à apropriação da natureza pelo homem".

Em linhas gerais, podemos definir a arqueologia como o estudo da **cultura material**[m], sendo esta entendida como o segmento do meio físico apropriado pelo homem. E para que estudar a cultura material? Para que fique mais claro de que maneira a arqueologia pode nos auxiliar no conhecimento de sociedades do passado (no caso que mais interessa aqui, as do Antigo Oriente Próximo), vejamos o seguinte esquema:

Figura 5 – Arqueologia (ciência em construção)
Objeto de estudo:
porção de totalidade material,
socialmentre apropriada

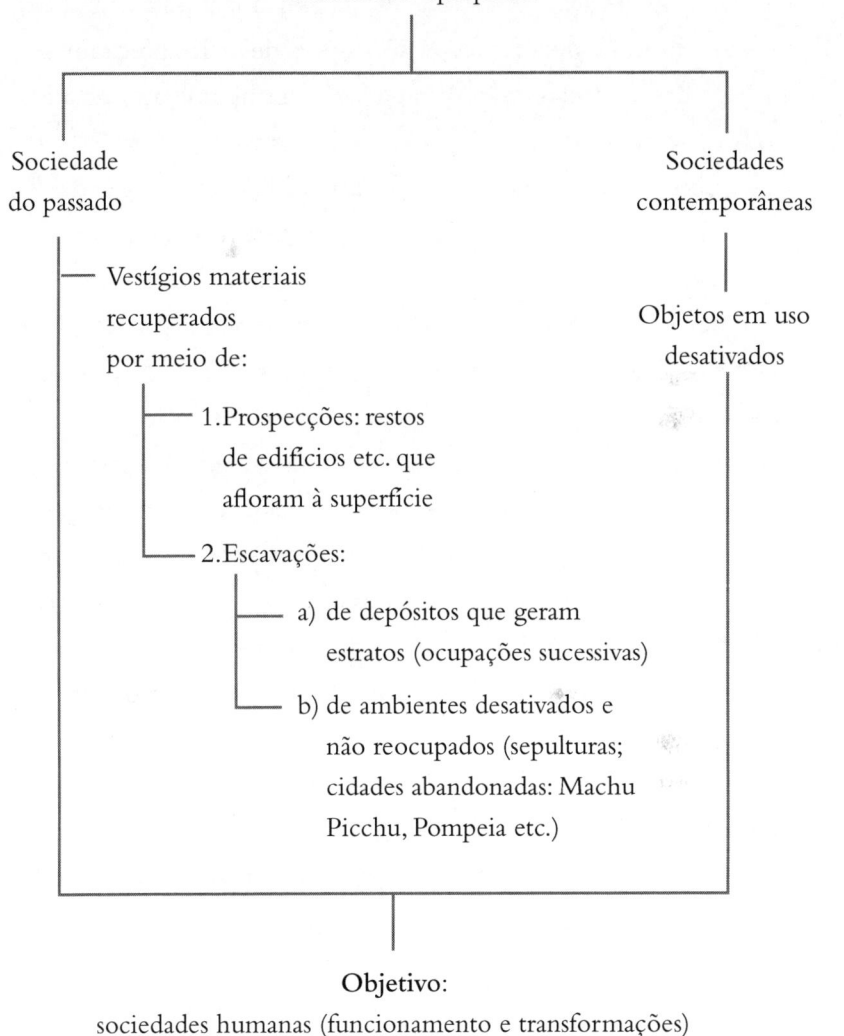

Sociedade do passado

- Vestígios materiais recuperados por meio de:
    - 1. Prospecções: restos de edifícios etc. que afloram à superfície
    - 2. Escavações:
        - a) de depósitos que geram estratos (ocupações sucessivas)
        - b) de ambientes desativados e não reocupados (sepulturas; cidades abandonadas: Machu Picchu, Pompeia etc.)

Sociedades contemporâneas

Objetos em uso desativados

Objetivo:
sociedades humanas (funcionamento e transformações)

Fonte: Adaptado de Funari, 2003, p. 17.

Por esse esquema, vemos que a arqueologia se preocupa tanto com as sociedades do passado quanto com as contemporâneas já que, como vimos, essa ciência não trabalha com restrições cronológicas. Com relação às sociedades do passado há um agravante: nem sempre as informações estão disponíveis, elas precisam ser encontradas, e muitas estão debaixo da terra há milhares de anos. Como encontrá-las, então?

Num primeiro momento, o arqueólogo deve fazer o trabalho de **prospecção**. A prospecção consiste, basicamente, em averiguar, num determinado local, a existência de vestígios arqueológicos de qualquer tipo que tenham aflorado na superfície. Feito isso, parte-se para a escolha, dentro desse local, de um sítio arqueológico. No sítio arqueológico ocorre a **escavação**, a qual não consiste apenas em encontrar artefatos, mas também em uma análise do solo, das estruturas ali presentes, como restos de uma construção, e assim por diante. O trabalho do arqueólogo não termina por aí: uma importante etapa é a seleção dos materiais encontrados no sítio arqueológico que serão enviados para análise em laboratório. Obviamente, não são todos os tipos de materiais que podem ser levados ao laboratório: a parede de um templo, por exemplo, deve permanecer onde está, mas um objeto sagrado ou uma amostra do solo podem muito bem ser levados para testes fora do sítio arqueológico, desde que devidamente registrados. O trabalho em laboratório segue algumas regras específicas, como o cadastramento e o detalhamento das peças, a sua classificação e lavagem, e o estudo segundo os métodos da pesquisa arqueológica. Os resultados dessas pesquisas são, geralmente, publicados em periódicos especializados para que fiquem acessíveis ao público e cumpram, também, a sua função social.

Sabendo, agora, do que se trata o trabalho arqueológico, devemos nos fazer outra pergunta: qual a relação entre a história e a arqueologia? Isso porque é importante que, na história, não fiquemos presos aos documentos escritos, como se eles fossem os detentores da "verdade". Ao lado dos registros documentais, o historiador pode e deve utilizar os dados arqueológicos para auxiliar qualitativamente em suas pesquisas. Isso se torna ainda mais importante para aqueles que estudam a história antiga, já que grande parte da herança dessa época é de caráter arqueológico, sendo fundamental a colaboração entre história e arqueologia.

Devemos tomar cuidado, porém, para não achar que os dados arqueológicos só devem ser usados no caso de não haver registros escritos. Mesmo quando há, ao mesmo tempo, abundância de fontes escritas e arqueológicas, dependendo do tipo de pergunta que o historiador visa responder, para ele seja, talvez, mais interessante, debruçar-se sobre os dados arqueológicos. Tudo vai depender do que se está querendo saber, e a partir disso serão selecionadas as fontes que, acredita-se, contribuirão de forma mais satisfatória à aquisição desse saber – seja usando somente fontes escritas, arqueológicas, ou ambas.

Vamos dar um exemplo: um historiador deseja fazer um estudo sobre a mumificação no Egito Antigo. Qual o melhor tipo de fonte a ser analisado? Não pensamos duas vezes antes de responder: as múmias, é claro! Porque analisando-as de perto, submetendo-as a testes, tomografias e raios-X, podemos ter uma ideia exata dos materiais que foram utilizados, por onde os embalsamadores retiraram as vísceras, que tipos de preenchimentos usaram no interior do corpo e assim por diante. Dessa forma, é possível evidenciar as técnicas de mumificação utilizadas pelos egípcios antigos. Mas, caso esse historiador esteja mais interessado em analisar não as técnicas de mumificação, e sim o significado de mumificar um corpo nessa sociedade, os dados arqueológicos seriam tão eficazes quanto os encantamentos da literatura funerária[1]? Vimos aqui um único objeto de estudo, a mumificação, que, dependendo das respostas que se pretendem obter, pode ser tratado tanto com o auxílio de fontes escritas, quanto de fontes arqueológicas.

História e arqueologia prestam-se, portanto, serviços mútuos, e uma não é mais ou menos importante que outra. Muitas vezes, um registro arqueológico serve para refutar um registro documental e vice-versa. Por isso, tendo em vista as especificidades de cada disciplina, quando necessário, o trabalho entre historiadores e arqueólogos deve ser feito em conjunto, em benefício da pesquisa científica.

(4.2)
As fontes visuais

Da mesma maneira que acontece com os registros arqueológicos, as fontes visuais tenderam, por muito tempo, a serem vistas como inferiores aos documentos escritos, sendo utilizadas somente para confirmar o que estava neles ou, então, meramente como ilustrações em uma determinada pesquisa histórica.

---

1. *Para uma revisão sobre literatura funerária no Egito Antigo, reler o capítulo sobre religião no Antigo Oriente Próximo.*

No século XX, com o advento da corrente chamada *nova história*, ampliou-se sensivelmente o leque de abordagens nas pesquisas, não se restringindo mais o estudo da história somente enquanto histórica política. Novos temas começaram a ser objeto de atenção dos historiadores, como os estudos de gênero, a história cultural, a história das mentalidades e assim por diante. Essa ampliação refletiu-se, também, nos tipos de fontes usadas na pesquisa – o documento escrito, apesar de importante, deixou de ser o único meio possível de se fazer história, e outras fontes passaram a ser usadas como evidências históricas. É o caso das fontes visuais, que trataremos nesta parte do capítulo.

As imagens, ou o testemunho ocular, como chama o historiador Peter Burke (2004), podem contribuir de forma significativa para os estudos históricos, dependendo dos objetivos a serem alcançados com a pesquisa. No caso das sociedades do Antigo Oriente Próximo, elas são fundamentais para uma melhor compreensão de diversos aspectos dessas sociedades, em razão da grande abundância de imagens existentes, especialmente para o caso do Egito Antigo. Se levarmos em consideração, por exemplo, que as tumbas egípcias do Reino Novo são cobertas de imagens de cenas cotidianas, temos aí um rico material de estudo que nos possibilita a reconstrução de diversos aspectos do dia a dia dessa sociedade, como o trabalho nos campos, as fases da colheita, as técnicas de plantio e assim por diante.

Por isso é importante entendermos que as imagens não devem ser usadas pelo historiador somente para ilustrar determinado fato ou afirmação. Elas são também fontes históricas e devem suscitar questionamentos, reflexões e auxiliar nas conclusões do pesquisador.

Se fizermos um balanço do uso das imagens nas pesquisas históricas, veremos que ele remonta já aos séculos XVIII e XIX. Jacob Burckhardt e Johan Huizinga, por exemplo, ambos nascidos no século XIX, buscaram compreender a cultura do renascimento através das pinturas dos renascentistas. Contudo, a consciência plena da arte como evidência histórica só deu mais tardiamente, especialmente após a década de 1960.

Assim como é feito com qualquer fonte histórica, cuidados devem ser tomados no momento de analisar uma imagem, já que nenhuma fonte é um relato puro do passado, mas, sim, portadora de um conhecimento indireto sobre o mesmo. Vale a pena, então, vermos o que Peter Burke tem a dizer a esse respeito:

> *Tanto literalmente quanto metaforicamente, esses esboços e pinturas registram um "ponto de vista" [...] Historiadores usando documentos desse tipo não podem dar-se ao luxo de ignorar a possibilidade da propaganda, ou das visões estereotipadas do "outro", ou esquecer a importância das convenções visuais aceitas como naturais em uma determinada cultura ou num determinado gênero.* (Burke, 2004, p. 24)

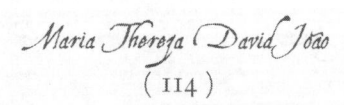

Isso significa dizermos que aquelas pessoas que produziram determinado tipo de imagem não o fizeram de forma inocente. Nelas estão expressas as opções do autor, sejam de ordem estética, de ordem política ou de qualquer outro tipo. Os artistas que pintaram cenas do faraó Ramsés II, por exemplo, atuando na Batalha de Kadesh, certamente o fizeram com alguma intencionalidade. Nessas imagens, o faraó aparece vencendo sozinho os inimigos estrangeiros, mas sabemos, contudo, que essa batalha terminou sem vencedores, na forma de um acordo entre as partes. Qual o sentido, portanto, de uma representação como essa? Há, certamente, um objetivo, que é uma propaganda de Ramsés II, retratando-o não como um "perdedor", mas como um protegido dos deuses, notório guerreiro e articulador político e militar. Isso fica mais evidente se notarmos que a maioria da população egípcia era analfabeta – as imagens, portanto, surtiriam efeito muito mais mobilizador que as palavras, nessa sociedade, enquanto instrumentos políticos. Para os egípcios, ainda, representar ou inscrever algo teria literalmente, a função de tornar este algo real.

É por isso que, da mesma forma que fazemos com os documentos escritos, é necessária uma "crítica da evidência visual" (usando a expressão de Peter Burke). Com as fontes escritas, devemos fazer a chamada *crítica da fonte*, que responde a perguntas como: "Onde e quando foram produzidas?"; "Como foram produzidas?"; "Para quem foram produzidas?". Dessa maneira, podemos avaliar as potencialidades e as fragilidades do documento escrito e saber como melhor utilizá-lo nas pesquisas. Na medida em que as fontes visuais são, também, fontes históricas, nada mais natural que se faça, também para elas, a crítica interna, visando averiguar, justamente, seus pontos fortes e fracos.

Devemos perceber, igualmente, que a imagem demanda um modo próprio de análise – ou seja – não podemos analisar a fonte visual da mesma maneira com que analisamos a fonte documental. Nesse sentido é necessário, a exemplo do historiador Ulpiano Bezerra de Menezes, começar por avaliar o chamado *potencial cognitivo da imagem*. Num primeiro momento, devemos averiguar qual a significação social, histórica, antropológica etc. da imagem, já que o nosso objeto de estudo deve ser sempre a **sociedade**, e não a imagem em si. A imagem é importante, para nós historiadores, somente enquanto vetor de investigação de aspectos relevantes na organização, no funcionamento e na transformação de determinada sociedade (Menezes, 2003 p. 28). É necessário que coloquemos a imagem em seu contexto social, não apenas enquanto mero reflexo deste, mas avaliando a sua integração a esse contexto. A imagem é, antes de tudo, uma prática material, é algo que participa das relações sociais, e não apenas espelho dessas relações.

Se tivermos claras essas considerações, saberemos como utilizar corretamente as imagens em nossas pesquisas, para que elas auxiliem, efetivamente, no andamento qualitativo dos nossos estudos. De nada vale rechearmos nossos trabalhos com belas imagens sobre o Egito ou a Mesopotâmia se não nos perguntarmos acerca da sua relevância enquanto meios de compreensão dessas sociedades e, efetivamente, valermo-nos delas para tanto.

(4.3)
AS FONTES ESCRITAS

Com o surgimento da escrita, nossos saberes sobre o passado aumentam exponencialmente. Contudo, é errôneo afirmar que, antes da sua invenção, a história não existia. É o surgimento da escrita que marca a passagem da pré para a história, mas vimos que os testemunhos históricos não se restringem a ela, e somos plenamente capazes de resgatar, mesmo que em parcelas, o passado dos povos que viveram antes da sua chegada.

Tendo isso em mente podemos avançar, sem maiores problemas, para o próximo tema deste capítulo: as fontes escritas. Para avaliar o potencial de um documento escrito, os historiadores fazem o que é conhecido por *crítica da fonte*. Essa crítica consiste em duas etapas: externa e interna.

A crítica externa do documento, chamada também de *crítica de autenticidade*, visa determinar, basicamente, se um documento é verdadeiro ou falso ou se é original. Nem todos os relatos são verídicos, então é preciso que façamos uma "triagem" no documento a fim de detectar falsificações tanto em sua forma quanto em seu conteúdo.

Já a crítica interna do documento, que quer justamente averiguar a sua validade de conteúdo, possui algumas etapas: crítica de interpretação, crítica de competência, crítica de veracidade, crítica de rigor e verificação do documento. A primeira consiste em analisar as motivações do autor do texto que se pretende analisar, enquanto a segunda visa averiguar a autoridade do mesmo. A crítica de veracidade, dizendo de forma bastante simplificada, é avaliar se o autor do texto está "mentindo" ou não. A crítica de rigor se refere à descrição dos fatos propriamente dita, e a verificação do documento é o artifício usado pelos historiadores conhecido como "confronto de fontes", pelo qual se colocam, lado a lado, documentos históricos que falem sobre um mesmo fato.

Como já vimos anteriormente, no momento de analisar um documento – no caso, o escrito – devemos ter em mente que nele se encontra apenas uma visão do passado, ou seja, a visão daquela pessoa que produziu o documento. A história da Mesopotâmia, por exemplo, não é a mesma vista por um camponês e por um governante. Os documentos históricos estão impregnados de uma certa visão de mundo, já que são produzidos por uma pluralidade de agentes históricos. Há certas fontes que são conhecidas como *documentos oficiais* justamente por possuírem a chancela de um Estado. Isso não quer dizer, por sua vez, que elas sejam os únicos documentos "verdadeiros", mas, sim, que fazem parte da ótica dos dominantes a respeito de um determinado fato. Quando os egípcios, por exemplo, referem-se ao estrangeiro como um elemento perturbador da ordem, devemos ter em mente que essa visão é própria da visão de mundo egípcia. Se pegarmos um documento de algum desses povos estrangeiros, verificaremos, é claro, que eles não se viam dessa maneira: irão relatar, provavelmente, uma mentalidade pejorativa não sobre si mesmos, mas sim sobre os próprios egípcios antigos.

Outro cuidado que devemos ter é perceber que a fonte não fala por si. É preciso que interroguemos o documento, que o façamos falar. A isso chamamos *problematização*, ação que consiste em elaborar previamente algumas perguntas às quais desejamos responder. A análise de um documento nunca é feita sem objetivos, pois buscamos neles algo específico. Propor alguns questionamentos, portanto, é essencial para que alcancemos, justamente, os fins desejados com a pesquisa histórica.

Síntese

Neste capítulo vimos como o historiador tem à sua disposição um amplo leque de possibilidades de estudar o passado. O "explorador do passado" não deve apenas se contentar com o estudo do documento escrito, embora ele seja extremamente importante, mas deve estar atento à diversidade de testemunhos históricos.

Os registros arqueológicos são particularmente importantes ao estudo da história antiga por consistirem em uma parte substancial do que o passado nos legou sobre as sociedades, no caso a egípcia e a mesopotâmica. O trabalho do arqueólogo, contudo, não é fácil: demanda o rigor utilizado em qualquer pesquisa científica séria.

As fontes visuais, abundantes no caso egípcio, são também uma importante fonte sobre o passado. Há de se ter muito cuidado ao analisá-la, fazendo-se a chamada *crítica visual*, assim como exigido em qualquer outra fonte histórica.

Longe de querer esgotar todos os tipos de testemunhos históricos sobre o passado, vimos neste capítulo alguns tipos de fontes bastante importantes para a história antiga – os registros arqueológicos e visuais –, bem como de que maneira devemos olhar para elas a fim de obter respostas aos questionamentos que temos sobre o passado.

INDICAÇÃO CULTURAL

BBC. HISTORY. Disponível em: <http://www.bbc.co.uk/history/>. Acesso em: 05 out. 2009.

Em inglês, site *produzido pela emissora BBC que apresenta informações relevantes sobre o trabalho do historiador.*

ATIVIDADES DE AUTOAVALIAÇÃO

1) Leia as alternativas a seguir e marque falso (F) ou verdadeiro (V):

( ) Os registros arqueológicos só devem ser usados quando não existem documentos escritos que falem a respeito de um determinado fato histórico.

( ) Os testemunhos escritos são a principal fonte sobre o passado, e os registros visuais e arqueológicos devem ser sempre confrontados ao documento escrito.

( ) Como qualquer testemunho histórico, as fontes visuais devem ser submetidas a rigorosos processos de seleção e análise.

( ) O uso de uma fonte escrita, iconográfica ou arqueológica depende, em muito, dos objetivos a serem alcançados pelo historiador e do tipo de perguntas que se pretendem responder sobre o passado que analisa.

2) Leia as alternativas a seguir e marque falso (F) ou verdadeiro (V):

( ) As fontes históricas não são testemunhos diretos do passado, pelo contrário, nelas estão sempre expressos os pontos de vista do indivíduo e/ou sociedade que as produziu.

( ) No caso do Egito Antigo, as imagens são mais importantes que os documentos escritos.

( ) São quatro as etapas do trabalho arqueológico: prospecção, escavação, análise em laboratório e publicação dos resultados.

( ) O objeto de estudo da arqueologia são os artefatos produzidos pelo homem, e a isso chamamos *cultura material*.

3) Leia o texto e as assertivas a seguir e assinale a alternativa correta.

> *o conhecimento de todos os fatos humanos do passado, da maior parte deles no presente, deve ser [...] um conhecimento através de vestígios. Quer se trate das ossadas emparedadas nas muralhas da Síria, de uma palavra cuja forma ou emprego revele um costume, de um relato escrito pela testemunha de uma cena antiga [ou recente], o que entendemos efetivamente por documentos senão um "vestígio", quer dizer, a marca, imperceptível aos sentidos, deixada por um fenômeno em si mesmo impossível de captar?*
>
> FONTE: BLOCH, 2002, P. 73.

I. Nesse trecho, Marc Bloch aponta para a pluralidade de vestígios de um fenômeno passado – ele pode ser tanto um documento escrito, como o relato de uma testemunha de uma cena antiga, ou arqueológico, como as ossadas emparedadas nas muralhas da Síria.

II. No caso da história antiga, torna-se ainda mais difícil captar, na plenitude, determinados fatos históricos, em virtude da escassez de fontes – por isto, é inútil estudá-la.

III. Marc Bloch deixa claro, no texto apresentado, que é trabalho do historiador reconstruir os fatos históricos em todas as suas características.

a) Somente a alternativa I é correta.
b) Somente a alternativa II é correta.
c) Somente a alternativa III é correta.
d) Nenhuma alternativa é correta.

4) Leia as assertivas a seguir e marque a alternativa correta:

I. Um documento histórico deve passar por dois tipos de crítica, a interna e a externa, sendo esta a que avalia a veracidade do documento em seu conteúdo.

II. A crítica externa do documento passa por cinco etapas: crítica de interpretação, de competência, de veracidade, de rigor e verificação do documento.

III. O chamado *confronto de fontes* corresponde à etapa da crítica de veracidade de um documento.

a) Somente a alternativa I é correta.
b) Somente a alternativa II é correta.
c) Somente a alternativa III é correta.
d) Nenhuma alternativa é correta.

5) Leia o trecho do *Papiro Chester Baetty IV* e assinale a alternativa correta:

> "Um homem morre, seu cadáver vira pó, todos os seus contemporâneos perecem, mas um livro faz com que seja lembrado na boca de quem o lê"

.Fonte: Araújo, 2000.

a) A partir dessa afirmação podemos concluir que os registros escritos, como o livro, são a única forma de acesso ao pensamento do homem antigo.

b) A partir dessa afirmação podemos concluir que, ao lermos um registro produzido por um homem da Antiguidade, como um livro, podemos ter acesso imediato a sua forma de pensar.

c) A partir dessa afirmação podemos concluir a respeito da importância do legado cultural produzido na Antiguidade que, mesmo após o desaparecimento de uma civilização, permite ao historiador, de forma figurada, "falar com os mortos".

d) A partir dessa afirmação podemos concluir acerca da impossibilidade de se conhecer uma civilização antiga, uma vez que estão todos mortos.

Atividades de aprendizagem

Questões para reflexão

1) Leia atentamente o texto a seguir e responda:

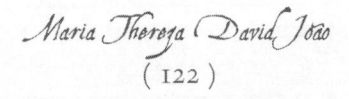

> A arqueologia é uma ciência social no sentido de que ela procura explicar o que aconteceu a um grupo específico de seres humanos no passado e fazer

> *generalizações a respeito do processo de mudança cultural. Porém, ao contrário dos etnólogos, dos geógrafos, dos sociólogos, dos cientistas políticos e dos economistas, os arqueólogos não podem observar o comportamento da população que eles estudam; ao contrário dos historiadores, também não têm, na maioria dos casos, acesso direto ao pensamento dessa gente registrado em textos escritos. A arqueologia infere comportamento humano, e também idéias, a partir de materiais remanescentes do que pessoas fizeram e usaram, e do impacto físico de sua presença no meio ambiente. A interpretação dos dados arqueológicos depende da compreensão de como seres humanos se comportam no presente e, em particular, de como esse comportamento se reflete na cultura material.*
>
> FONTE: TRIGGER, 2004.

a) A partir do que estudamos a respeito das fontes históricas, que crítica podemos fazer ao autor desse texto quando ele diz que os historiadores têm "acesso direto" ao pensamento das populações do passado através dos textos escritos?

b) Por que devemos ter cuidado ao afirmar que a arqueologia busca explicar o que aconteceu no passado?

2) Leia o texto e resolva as questões.

> *Em uma descrição dos testemunhos da historia da organização social da Mesopotâmia, Joan Oates introduz sua segunda parte, que se inicia aproximadamente em 3100 a.C., com uma afirmativa simples: "Nosso conhecimento da estrutura social da Mesopotâmia aumenta exponencialmente com a invenção da escrita". Qualquer pessoa não envolvida nesse tipo de estudo sente como que um choque ao descobrir que esse aumento exponencial de informações não é inequivocamente bem-vindo, pelo menos não nas duas últimas décadas, depois do surgimento da "nova arqueologia". Longe vão*

> *os bons tempos em que os historiadores da Antiguidade (fosse ela do Oriente Médio ou greco-romana) podiam relegar a arqueologia à condição de atividade subsidiária de menor importância, que fornecia informações pitorescas sobre a vida privada, e da arte de adornar a história "real" obtida a partir de testemunhos escritos. O estudioso de história antiga de hoje tem de aceitar o fato de que seu arsenal inclui tipos qualitativamente diferentes de testemunhos, que amiúde parecem mutuamente contraditórios ou, no mínimo, não inter-relacionados.*

FONTE: FINLEY, 1984, P. 11.

a) Explique porque Finley (1984), ironicamente, diz que eram "bons tempos" aqueles em que "os historiadores da Antiguidade [...] podiam relegar a arqueologia à condição de atividade subsidiária".

b) Produza um texto explicando a importância, para o historiador da Antiguidade, do trabalho com diferentes tipos de testemunhos, traçando também um pequeno histórico acerca de como testemunhos não escritos foram tratados pela história ao longo dos anos.

Atividade aplicada: prática

1) Escolha um documento escrito (você pode pesquisar o documento na bibliografia indicada) pertencente a qualquer período histórico do Egito e da Mesopotâmia e proceda ao trabalho de crítica do documento – interna e externa – anotando os resultados.

CONSIDERAÇÕES FINAIS

Certa vez, um senhor, bastante interessado em avaliar o que eu sabia sobre a história do Egito Antigo, por acaso minha especialidade, disse-me: "Tudo isto é muito interessante. Mas não serve pra nada, história não serve pra nada, é só cultura". Não preciso dizer qual foi o tamanho do meu espanto ao escutar essa afirmação e, ainda mais, ver que as pessoas ao redor riam e concordavam com ela. Não foi a primeira vez que escutei tal absurdo. Um primo muito querido – de maneira bastante espirituosa, confesso – disse, depois de eu, em vão, ter insistido muito para que ele gostasse de história, que a história só servia para uma coisa: saber quando é feriado.

Após ter escutado tantas vezes me questionarem sobre o porquê de se estudar história antiga (afinal, essas pessoas já morreram há tanto tempo!) ou, mais ainda, sobre a própria razão de se estudar a história, concordo cada vez mais com a afirmação da professora de história do Brasil, Maria Yedda Linhares, feita por ocasião de uma entrevista que realizei com ela: "É preciso que se faça ver, no Brasil, a história como um setor de conhecimento importante para a sociedade. Isso porque, pasmem, ela ainda não é vista assim!".

Por isso mesmo, concluindo este trabalho, gostaria de terminar com uma mensagem aos leitores que utilizaram este livro. A história não é um mero amontoado de fatos e datas, ela deve ser pensada, problematizada, compreendida. É necessário que transformemos a imagem da história como disciplina, pois é a validade do próprio esforço intelectual que está em jogo.

Espero, neste livro, tê-los ajudado, mesmo que infimamente, a entender um pouco mais o trabalho do historiador, e a importância da crítica, da reflexão, do debate historiográfico. Sim, os egípcios antigos e os mesopotâmicos desapareceram já há milhares de anos. Mas nosso esforço para conhecê-los melhor não é em vão. A história nos ensina a pensar, e é esse pensamento que vai nos guiar para a ação.

GLOSSÁRIO*

ARQUEOLOGIA – Ciência que estuda o funcionamento e o desenvolvimento das sociedades humanas através dos registros materiais a elas relacionados. Um exemplo desse tipo de registro são os artefatos, ou objetos, produzidos por uma dada sociedade, como também vestígios deixados por elas na fauna e na flora (restos de uma fogueira, por exemplo, ou restos de algum animal que outrora serviu de alimento a uma determinada população).

CASSITAS – Tribo procedente da região do Irã.

CULTURA MATERIAL – Segmento do meio físico apropriado pelo homem, objeto de estudo da arqueologia.

ELAMITAS – Habitantes da região do Elam, região ao leste da Suméria e da Acádia.

EN – Era o chefe, o sumo sacerdote, dos primórdios da organização suméria.

ENSI – No período de Sargão I, *ensi* era a palavra que passou a designar o governante da cidade.

GÚTIOS – Povo procedente da região do Irã, próxima aos Montes Zagros.

HICSOS – Grupo nômade de origem hurrita que habitava a Alta Mesopotâmia.

HIPÓTESE CAUSAL HIDRÁULICA – Hipótese utilizada por muito tempo para explicar o surgimento do Estado no Egito e na Mesopotâmia. Essa hipótese apregoava a ideia de que um Estado unificado teria surgido (especialmente no Egito) em função da necessidade de centralizar o aproveitamento dos

---

* Este glossário foi elaborado com base nas obras que constam nas referências.

recursos hídricos da região. Sabe-se, contudo, que essa hipótese é falsa, pois somente há vestígios de controle centralizado das obras de irrigação, tanto no Egito quanto na Mesopotâmia, muito após o surgimento do Estado nessas sociedades.

HITITAS – Povo antigo que habitava o planalto da Anatólia.

LUGAL – Literalmente,significa "grande homem", por se tratar da máxima autoridade dentro da cidade-Estado mesopotâmica. Entendemos tal termo como "rei".

MARXISMO – Refere-se ao conjunto de ideias formuladas por Karl Marx. Para esse filósofo, o motor da história era a luta de classes, e a sociedade evoluiria através de algumas etapas de desenvolvimento bem definidas. Segundo este autor, o capitalismo seria superado para dar lugar a uma ditadura do proletariado, iniciada através de uma revolução.

MODO DE PRODUÇÃO – Conceito marxista que possibilita analisar, em diversas sociedades antigas e modernas, a articulação entre o desenvolvimento das forças produtivas (o grupo social responsável pela maior parte da produção da riqueza numa dada sociedade) e as relações de produção (relações sociais que são estabelecidas entre o grupo social que produz e aquele que é detentor dos meios de produção ou submete o grupo social que produz).

MONOLATRIA – Forma de crença religiosa na qual se adora a um único deus. Difere do monoteísmo por não negar a existência de outros deuses.

NATRÃO – Composto químico utilizado pelos egípcios na desidratação de corpos durante o ritual de mumificação.

NOMARCAS – Funcionários do Estado egípcio, encarregados de administrar os nomos.

NOMOS – Unidades políticas locais existentes no Egito Antigo.

PATRONATO – Forma de relação social na qual uma pessoa, o patrono, assegura a sobrevivência de outras dando-lhes garantias como alimentos e provisões. Esse modelo de solidariedade social faz-se verticalmente, na medida em que o patrono, em razão de função protetora, torna as demais pessoas suas dependentes, sobre as quais exerce, portanto, a sua autoridade.

SOCIEDADES PRÓXIMO-ORIENTAIS – Refere-se às antigas civilizações que habitaram a região hoje conhecida como *Oriente Médio* e que engloba também o Egito, em virtude da vastidão de seu império durante a antiguidade.

SUMÉRIA – Região também conhecida como *Baixa Mesopotâmia*, próxima ao atual Golfo Pérsico e ao Iraque.

TEMPLO – O templo era uma instituição que tinha também sua correspondente física, como qualquer outra (ex.: igreja, escola etc.). Era formado pelos sacerdotes.

UNIDADE DOMÉSTICA – Grupo doméstico corresidente, no qual se incluem a família e bens de todo o tipo.

REFERÊNCIAS

Araújo, Emanuel. *Escrito para a eternidade*: a literatura no Egito faraônico. Brasília: Ed. da UnB, 2000.

Assmann, Jan. *The mind of Egypt*: history and meaning in the time of the pharaohs. Cambridge: Harvard University Press, 2003.

Baines, John; Málek, Jaromir. *O mundo egípcio*: deuses, templos e faraós. Madrid: Edições del Prado, 1984. 2 v.

Barguet, Paul. *Textes des sarcophages egyptiens dy moyen empire*. Paris: Les Éditions du Cerf, 1986.

Bernal, Martin. A imagem da Grécia antiga como ferramenta para o colonialismo e para a hegemonia europeia. In: Funari, Pedro Paulo. *Repensando o Mundo Antigo*. Campinas: Ed. da Unicamp, 2003. (Textos Didáticos, n. 49).

Bloch, Marc. *Apologia da história ou o ofício de historiador*. Rio de Janeiro: J. Zahar, 2002.

Burke, Peter. *Testemunha ocular*: história e imagem. São Paulo: Edusc, 2004.

Cardoso, Ciro Flamarion. A economia e as concepções econômicas no Egito faraônico: síntese de alguns debates. *História econômica & história de empresas*, São Paulo, v. 6, p. 151-178, jan./jun. 2003a.

_____. As unidades domésticas no Egito Antigo. *Revista Cantareira*, Niterói, v. 3, n. 3, p. 3-18, jul. 2007.

_____. *Deuses, múmias e ziggurats*: uma comparação das religiões antigas do Egito e da Mesopotâmia. Porto Alegre: EdiPUCRS - RS, 1999.

CARDOSO, Ciro Flamarion. *Sete olhares sobre a Antiguidade*. Brasília: Ed. da UnB, 1994.

_____. *Sociedades do Antigo Oriente Próximo*. São Paulo: Ática, 2005.

_____. *Trabalho compulsório na Antiguidade*. Rio de Janeiro: Graal, 1984.

_____. _____. 3. ed. Rio de Janeiro: Graal, 2003b.

ELIAS, Norbert. *A sociedade dos indivíduos*. Rio de Janeiro: J. Zahar, 1994.

EYRE, Christopher. Pouvoir central et pouvoir locaux: problèmes historiographiques et méthodologiques. *Méditerranée*, Paris, n. 24, p. 15-39, 2000.

FAULKNER, Raymond. *The ancient egyptian pyramid texts*. Warminster: Arris & Phillips, 1969.

FAVERSANI, Fábio. As relações interpessoais sob o império romano: uma discussão da contribuição teórica da Escola de Cambridge para o estudo da sociedade romana. In: CARVALHO, Alexandre Galvão (Org.). *Interação social, reciprocidade e profetismo no mundo antigo*. Vitória da Conquista: Ed. da Uesb, 2004. p. 19-42.

FINLEY, Moses. *História antiga*: testemunhos e modelos. São Paulo: M. Fontes, 1984.

FREUND, Julien. *Sociologia de Max Weber*. Rio de Janeiro: Forense Universitária, 2000.

FUNARI, Pedro Paulo. *Arqueologia*. São Paulo: Contexto, 2003.

HALLO, William W.; SIMPSON, William Kelly. *The ancient near east*: a history. New York: Harcourt Brace Jovanovich, 1971.

HERÓDOTO. *História*: o relato clássico da guerra entre gregos e persas. 2. ed. São Paulo: Ediouro, 2001. 3 v. (Coleção Clássicos Ilustrados).

JOÃO, Maria Thereza David. *Dos textos das pirâmides aos textos dos sarcófagos*: a "democratização" da imortalidade como um processo sócio-político, 2008. Dissertação (Mestrado em História) – Instituto de Ciências Humanas, Letras e Filosofia, Universidade Federal Fluminense, Niterói, 2008.

JOHNSON, Paul. *História ilustrada do Egito Antigo*. Rio de Janeiro: Ediouro, 2002.

JOHNSTON, Sarah Iles. *Religions of the ancient world*: a guide. Cambridge: Harvard University Press, 2004.

KINDER, Hermann; HILGERMANN, Werner. *Atlas histórico mundial*: de los orígenes a la revolución francesa. Madrid: Istmo, 2003.

LE GOFF, Jacques. Prefácio. In: BLOCH, Marc. *Apologia da história ou o ofício de historiador*. Rio de Janeiro: J. Zahar, 2002.

LICHTHEIM, Miriam. *Ancient egyptian literature*. Los Angeles: University of California Press, 1976. 2 v. (The New Kingdom).

MENEZES, Ulpiano Bezerra de. Fontes visuais, cultura visual, história visual: balanço provisório, propostas cautelares. *Revista Brasileira de História*, São Paulo, v. 23, n. 45, 2003.

O'CONNOR, David; SILVERMANN, David. *Ancient egyptian kingship*. New York: E. J. Brill, 1995.

PINSKY, Jaime. *100 textos de história antiga*. São Paulo: Contexto, 2003. (Coleção Textos e Documentos, v. 1).

POZZER, Kátia Maria Paim. O reinado de Rim-Sîn: uma nova visão da história de Larsa. *Phoínix*, Rio de Janeiro, ano IV, p. 271-286, 1998.

REDE, Marcelo. *Família e patrimônio na Antiga Mesopotâmia*. Rio de Janeiro: Mauad X, 2007.

RELIGIÃO. In: Einaudi. Lisboa: Imprensa Nacional, 1987. v. 12.

ROAF, Michael. *Mesopotâmia e o Antigo Médio Oriente*. Madrid: Edições del Prado, 1996. 2 v.

SAID, Edward. *Orientalismo*: o Oriente como invenção do Ocidente. São Paulo: Companhia das Letras, 2003.

SCHLOEN, J. David. *The house of the father as fact and symbol*: Patrimonialism in Ugarit and the Ancient Near East. Winona Lake: Eisenbrauns, 2001. (Studies in the archaeology and history of the Levant, v. 2).

TRAUNECKER, Claude. *Os deuses do Egito*. Brasília: Ed. da UnB, 1995.

TRIGGER, Bruce. *História do pensamento arqueológico*. São Paulo: Odysseus, 2004.

_____. *Understanding early civilizations*: a comparative study. Cambridge: Cambridge University Press, 2003.

WEBER, Max. *Economia e sociedade*: fundamentos de sociologia compreensiva. 4. ed. São Paulo: Ed. da UnB/Imprensa Oficial, 2004a. v. 1.

_____. *Economia e sociedade*: fundamentos de sociologia compreensiva. 4. ed. São Paulo: Ed. da UnB/Imprensa Oficial, 2004b. v. 2.

BIBLIOGRAFIA COMENTADA

ARAÚJO, Emanuel. *Escrito para a eternidade*: a literatura no Egito faraônico. Brasília: Ed. da UnB, 2000.

Ótima coletânea de fontes comentadas sobre o Egito Antigo, extremamente útil a quem pretende realizar pesquisas nessa área.

BAINES, John; MÁLEK, Jaromir. *O mundo egípcio*: deuses, templos e faraós. Madrid: Edições del Prado, 1984. 2 v.

Em edição popular, dois renomados egiptólogos apresentam um panorama ricamente ilustrado da história da sociedade egípcia.

CARDOSO, Ciro Flamarion. *Deuses, múmias e ziggurats*: uma comparação das religiões antigas do Egito e da Mesopotâmia. Porto Alegre: EdiPUCRS, 1999.

Obra bastante informativa sobre as estruturas básicas das religiões do Egito e Mesopotâmia Antigos.

CARDOSO, Ciro Flamarion. *Sete olhares sobre a Antiguidade*. Brasília: Ed. da UnB, 1994.

Em excelente obra, o professor titular de história antiga e medieval da Universidade Federal Fluminense (UFF) desenvolve temas como política, economia e ideologia nas sociedades do Antigo Oriente Próximo, com ênfase nas civilizações egípcia e mesopotâmica. Há também partes dedicadas à história da Índia, Grécia e Roma Antigas.

CARDOSO, Ciro Flamarion. *Sociedades do Antigo Oriente Próximo*. São Paulo: Ática, 2005.

Trata-se de interessante obra introdutória aos aspectos econômico-sociais do Antigo Egito e Mesopotâmia.

JOHNSON, Paul. *História ilustrada do Egito Antigo*. Rio de Janeiro: Ediouro, 2002.

Embora superficial em certos aspectos, trata-se de uma obra que pode ser utilizada como introdução ao tema.

PINSKY, Jaime. *100 textos de História Antiga*. São Paulo: Contexto, 2003. (Coleção Textos e Documentos).

Uma das poucas coletâneas que reúne fontes em português de sociedades antigas.

ROAF, Michael. *Mesopotâmia e o Antigo Médio Oriente*. Madrid: Edições del Prado, 1996. 2 v.

Atlas que apresenta a história da Mesopotâmia com textos e ilustrações. Uma das poucas obras sobre essa região em português.

RESPOSTAS

Capítulo 1

Atividades de autoavaliação

1. F-F-V-F
2. V-V-V-F
3. b
4. a
5. a

Atividades de aprendizagem

Questões para reflexão

1. A ideia dessa atividade é fazer com que os alunos percebam que a fonte histórica não é um testemunho da verdade e que ela atende a determinados objetivos. No caso da Batalha de Kadesh, temos um relato engrandecido do faraó Ramsés II, mostrando como esse soberano venceu sozinho, com a ajuda do deus Amon, o exército inimigo. Sabemos, contudo, conforme mostrado no primeiro capítulo, que a batalha terminou com um acordo entre as partes, portanto, cabe aos alunos perceberem como tal relato é claramente utilizado com fins políticos. Da mesma forma, é importante que eles percebam como a religião também se põe a serviço do Estado, na medida em que o recurso ao deus Amon serve como legitimador do discurso régio.

2. O texto de Cardoso permite uma primeira reflexão acerca da história política do Egito e Mesopotâmia: a diferença crucial entre ambos é que, enquanto no Egito predominou a estrutura de um reino centralizado, na Mesopotâmia a unidade política característica é a da cidade-Estado, muito embora estas tenham formado reinos unificados em várias fases da sua história política. Por esse motivo, a história política mesopotâmica é mais fragmentada que a egípcia, que foi mais constante ao longo do tempo.

Atividade aplicada: prática
1. O objetivo da atividade é deixar claro para os alunos que a concepção de monarquia no Egito Antigo não foi única ao longo de toda a sua história. Há momentos em que o caráter divino é mais enfatizado, em outros é a dimensão humana que ocupa maior destaque e assim por diante. Eles devem, através do trabalho com dos documentos históricos, apontar essas diferenças.

CAPÍTULO 2

Atividades de autoavaliação
1. V-F-F-V
2. V-F-F-V
3. c
4. a
5. c

Atividades de aprendizagem

Questões para reflexão
1.
   a. Fazer com que os alunos, com suas próprias palavras, escrevam o que entenderam por corveia é uma maneira de ajudá-los não só a fixar o seu significado, como a entendê-lo. Todas as atividades intituladas *análise de texto* possuem o intuito de fazer com o que aluno trabalhe diretamente com os testemunhos históricos, buscando compreender questões como: qual o tipo de documento,

para que foi produzido, com que intuito foi produzido e de que maneira é possível compreender aspectos das sociedades antigas através deles.

b. Trabalhos relacionados à manutenção de diques e barragens, vigilância das inundações, proteção de cidades, construção de pontes.

c. Ao rei ou ao governador "E não devem prestar qualquer corveia nova que no futuro um rei ou governador ordenasse executar (...)"

2. Apesar de economicamente relevantes, as atividades depreciadas no texto "Sátira das Profissões" são tratadas como secundárias, pelo autor, em função do momento político vivido neste período no Egito: havia a necessidade de se reconstruir o Estado egípcio, que ainda sofria as consequências nefastas do Primeiro Período Intermediário. A configuração de um Estado "burocrático" no Egito, característico do Reino Médio, dependia da atuação dos escribas – função esta, desde o início, voltada a assuntos administrativos, uma vez que a escrita foi, primeiramente, usada com este propósito.

Atividade aplicada: prática

1. Como acontece em todas as atividades deste tipo, mais uma vez o intuito é o trabalho direto do aluno com a fonte histórica. No caso, queremos que o aluno compreenda com um documento não escrito – no caso, o testemunho visual – é também uma fonte importante para que se possa compreender um pouco mais acerca da economia no Egito Antigo.

CAPÍTULO 3

Atividades de autoavaliação

1. F-V-F-F
2. V-V-F-V
3. d
4. d
5. b

Atividades de aprendizagem

Questões para reflexão

1.
   a. Através do encantamento transcrito, o aluno deve perceber que a visão de vida após a morte, para os egípcios, é a de um local de plena abundância, felicidade e prosperidade. É importante que ele retire palavras da própria fonte que justifiquem, justamente, essa euforização do outro mundo.
   b. No caso da Mesopotâmia, conforme consta no capítulo três, o outro mundo é visto em termos negativos, justamente o contrário do que ocorre no caso egípcio.
2. O encantamento 570 dos Textos das Pirâmides demonstra um importante aspecto das crenças mortuárias egípcias: a integração do morto (neste caso, o faraó) aos ciclos regenerativos naturais. Associando-se a Rá, o deus sol, o faraó poderia interferir ativamente na manutenção do mundo ordenado que dependia, dentre outras coisas, da regularidade dos movimentos naturais, como o nascer e o pôr do sol. Da mesma forma o faraó poderia, assim como o sol, morrer e depois nascer todos os dias, tendo em vista a visão cíclica de mundo da qual partilhavam os egípcios.

Atividades aplicadas: prática

1. Essa atividade visa fazer com que os alunos adentrem, tanto quanto possível, na lógica da visão de mundo dos egípcios e mesopotâmicos. Com base em leituras complementares, eles devem criar seus relatos míticos usando o máximo que puderem de referências utilizadas pelos próprios antigos, como os movimentos naturais (nascer e pôr do sol, crescimento da vegetação etc.) e a referência a deuses do panteão.

CAPÍTULO 4

Atividades de autoavaliação

1. F-F-V-V
2. V-F-V-F
3. a

4. a

5. c

Atividades de aprendizagem

Questões para reflexão

1. Aqui, é preciso ter em mente que toda fonte histórica é portadora de um conhecimento indireto sobre o passado, impregnado de uma certa visão de mundo e que condiz somente a uma parcela da realidade.

   Devemos tomar cuidado para não corrermos o risco de afirmar que a arqueologia é somente o estudo de "coisas velhas" (*vide*, por exemplo, o caso da arqueologia industrial).

2. A afirmação de Finley se justifica na última passagem do texto em destaque, na qual o autor aponta para o fato de que o arsenal do historiador da antiguidade "inclui tipos qualitativamente diferentes de testemunhos, que amiúde parecem mutuamente contraditórios ou, no mínimo, não inter-relacionados".

   Deve-se ter em mente que é ultrapassada a ideia de que somente os registros escritos contêm a história "de verdade". Testemunhos arqueológicos e visuais, por exemplo, são igualmente importantes para o trabalho do historiador da Antiguidade que, dependendo do que pretende estudar, pode até mesmo privilegiar uma fonte arqueológica em detrimento de uma fonte escrita, por exemplo. A utilização de fontes não-escritas aumenta de forma exponencial os conhecimentos sobre as sociedades da antiguidade, ajudando até mesmo a preencher lacunas anteriormente não solucionadas com a análise dos documentos escritos. Essa preocupação em ampliar o leque de fontes históricas pode ser creditada à corrente da Nova Historia que, ao inserir novos temas de estudo não relacionados somente à história política, contribuíram também na utilização de outros tipos de fontes além da escrita.

Atividade aplicada: prática

1. Procedendo ao trabalho de crítica dos documentos, o objetivo da atividade é fazer com que o aluno entre na prática cotidiana do ofício do historiador. É interessante comparar os resultados com os dos demais alunos.

NOTA SOBRE A AUTORA

Maria Thereza David João é bacharel e licenciada em História pela Universidade Federal do Paraná – UFPR (2006) e mestre em História Antiga pela Universidade Federal Fluminense – UFF, na qual defendeu a dissertação sobre o Egito Antigo (2008). É membro do Centro de Estudos Interdisciplinares da Antiguidade da Universidade Federal Fluminense (Ceia) e membro do corpo editorial da revista eletrônica *Cantareira*, desde 2005. Participa ativamente de congressos na área de história e, em seu currículo acadêmico, constam também participações em cursos de extensão realizados em universidades do estado do Rio de Janeiro. Publicou pela Módulo Editora, em coautoria com André Joanilho e José Antônio Vasconcelos, a Coleção Parceria, de livros didáticos de História de sexto a nono ano. Atualmente leciona história para o ensino fundamental na rede municipal da cidade do Rio de Janeiro.

Impressão:
Junho/2017